AF462722

Impressions

de

l'Assassiné

DU MÊME AUTEUR

POÉSIE

La Chanson des Roses.

Toute la Comédie.

Les Armes fleuries.

ROMAN

Le Gars Perrier.

La Princesse pâle. (*En société avec* GEORGES MILLET.)

EN PRÉPARATION

Les Ballades galantes.

Les Épiciers, roman.

Impressions de l'Assassiné

PAR

ROBERT DE LA VILLEHERVÉ

PARIS
PAUL OLLENDORFF, ÉDITEUR
28 *bis*, RUE DE RICHELIEU, 28 *bis*,

—

1894

Il a été tiré à part cinq exemplaires sur papier de Hollande, numérotés à la presse (1 à 5)

A

MONSIEUR CHARLES DE VALLES

Procureur de la République, à Melun.

Monsieur,

Voici des pages qui ne vous apprendront rien que vous ne sachiez de reste. Permettez-moi pourtant de vous les offrir, à vous qui, avec tant d'éloquence et de cœur, avez si bien dit combien fut infâme et vil le meurtre d'Angèle Daumat, combien admirable et surprenant dans une nuit d'épouvante, le courage de ma chère femme, sans le dévouement de qui je mourais.

Vous avez été l'avocat des victimes. Je vous tends mes deux mains de blessé.

R. V.

IMPRESSIONS

DE

L'ASSASSINÉ

J'ai le poignet gauche toujours malade et très douloureux, et pour de longs mois encore, pendant lesquels je ne pourrai ni m'habiller ni seulement rompre un morceau de pain, ma main ne m'est plus qu'un fardeau inutile.

Dans ma tête aussi, un peu au-dessous de la cicatrice profonde qu'y a laissée ma trépanation, une souffrance continue, comme s'il était resté là quelque corps étranger.

Et depuis le crime je connais, je subis d'autres supplices que je dirai, et qui sont pires.

Je parlerai cependant sans haine et sans colère.

I

A deux lieues environ de Moret, au delà d'Épisy, sur le territoire de la Genevraye, un hameau.

C'est Grattereau.

A Grattereau habite monsieur Villot, un propriétaire de vignobles, venu du Puy-de-Dôme et qui en Seine-et-Marne s'occupe à un commerce de volailles.

Il avait Jean-Charles Schérer à son service. Il voulut m'être agréable, je n'en doute pas. Il me le fit valoir, je le regrette.

Car il est bien certain que s'il m'eût dit :

— Monsieur, je possède un domestique de dix-neuf ans, qui, après avoir été condamné à huit jours de prison pour vagabondage, a commis, étant ouvrier sertisseur, un vol de cinq mille francs de diamants, qu'il a vendus cent soixante-dix francs, et pour ce fait a été envoyé à Poissy, où il a passé dix-huit mois. Ce domestique, dont un philanthrope m'a confié l'éducation agricole, moyennant une mensualité de quinze francs, que je n'ai d'ailleurs pas reçue, mais que je recevrai, effraie les gens de ma maison qui le tiennent pour capable de tout; il a un jour brouillé mes serrures, ne vit que dans l'espoir de faire un mauvais coup, n'a que cela en tête, se renseigne avec le soin le plus méticuleux sur la fortune — en terre ou en argent — des femmes âgées de la région, de celles qui vivent seules, qu'on pourrait tuer sans risques et voler avec profit, et pour se préparer à des éventualités futures, passe son temps à des gymnastiques de bandit, escaladant les murs et grimpant sur les toits.

S'il m'avait dit cela et qu'il eût ajouté :

— Eh bien, vous cherchez un garçon de ferme. Essayez mon Schérer. Je vous le donne.

— Grand merci, lui aurais-je répondu.

Et nous aurions causé d'autre chose.

Mais combien fut différente la parole de monsieur Villot ! Charles était très doux, très actif. Toujours levé avant l'aurore et entendu à tout ce qui regarde les animaux, le travail lui fondait dans les mains. On en voit beaucoup dont il faut exciter le zèle. Il eût fallu plutôt retenir le sien.

Quant à sa probité, monsieur Villot n'avait pas eu à s'en plaindre. Il est vrai, nous dit-il, qu'il ne laissait aucune porte ouverte.

Bref, son maître était si content du précieux garçon, mais si content, que n'eût été la présence chez lui, à la villa Grattereau, d'un autre domestique, fils de sa cuisinière, il ne se serait point séparé de ce Charles. Et même, si nous consentions à le prendre à l'essai et qu'il ne répondît pas à notre attente, nous n'aurions qu'à le lui renvoyer. Il n'avait pas assez de travail pour entretenir deux hommes; mais, c'est égal, il le reprendrait, *car il ne s'en séparait qu'avec peine.*

Quelques jours après, le mardi, cinq septembre, Charles arrivait chez nous.

De taille moyenne, des yeux bleus, une barbe d'un blond ardent, trop de barbe pour ses dix-neuf ans, il se présenta avec beaucoup de politesse; mais ses cheveux hérissés sur le front et tout ce poil inculte qui lui élargissait étrangement le visage lui donnaient je ne sais quel air singulier d'homme de l'âge de pierre. A coup sûr, il n'était pas banal, mais est-il de nécessité qu'on le soit?

Une bonne note : il regardait bien en face les personnes à qui il parlait.

On a dit de lui, après son triple attentat, qu'il avait une tête d'assassin. Nous avions porté sur lui un jugement plus favorable.

Mais ses façons d'agir nous plurent moins. Instruit de la besogne dont il aurait à s'acquitter, il courut beaucoup de côté et d'autre, dit considérablement de paroles, promit qu'il ferait des merveilles, n'en fit pas, et des amis nous étant venus, il se pavana dans sa force. Car c'est un

Hercule vantard ; et nous riions de le voir, si glorieux qu'on le regardât, enlever sur son épaule, comme une plume, un seau d'écurie plein de sable, et ainsi chargé, se dandiner avec des légèretés et des élégances de danseur de corde.

Il aurait pu n'être pas moins fier de sa goinfrerie tout à fait exceptionnelle et sans exemple.

Le soir, notre bonne, cette malheureuse petite Angèle Daumat qu'il devait tuer si atrocement, en fut stupéfiée et elle ne s'y accoutuma pas. Trois pleines soupières faisant à elles trois vingt et une assiettes de soupe comptaient à peine pour son appétit. Il lui fallait de plus quatre livres de pain par jour, et il absorbait de telles quantités incroyables de viande et de légumes, que c'était un spectacle dont elle était dégoûtée. Non rassasié toutefois, si, dans l'écœurement de le voir manger avec cette gloutonnerie, elle laissait quoi que ce fût de sa part, lui se jetait dessus et n'en faisait qu'une bouchée. C'était un Ogre.

II

La deuxième journée ne nous le montra pas différemment. Son travail fut aussi bruyant, aussi remuant, aussi peu effectif, et il s'empiffra comme la veille. Mais s'il mangeait avec cet excès et buvait à l'avenant, il avait moins de souci que les animaux aux besoins de qui il devait pourvoir eussent leur nourriture. Nous ne tardâmes pas à en relever qu'il avait laissé mourir de faim.

Quant à lui, réjoui de la bonne cuisine qu'il louait, s'il vous plait, il faisait pourtant, selon le mot de la petite, la grimace devant le fricot. Probablement parce que la portion lui semblait congrue. Et comme Angèle était d'un autre avis, leurs repas ne furent pas exempts de taquineries où il se complaisait et qu'elle ne supporta qu'impatiemment.

Elle nous conta (après que, remercié, il eût repris le chemin de Grattereau), qu'un soir elle avait dû lui donner une gifle, *parce qu'il lui faisait tourner son assiette, en disant : Ça roule, ça roule.*

Cette gifle, elle en parla à d'autres personnes, au garde-champêtre notamment, et elle l'aurait expliquée comme étant une réponse à des propositions de Schérer.

Je ne sais pas. Il se peut qu'elle n'ait pas osé nous dire la vérité. Elle avait cependant une grande confiance en ma femme, et je ne vois pas trop pourquoi elle aurait choisi de préférence, pour se plaindre d'agissements de cette nature, une paysanne, une passante dont au plus elle savait le nom, et surtout le garde-champêtre !

N'en a-t-on pas voulu comprendre plus qu'elle n'en disait ?

Une raison encore que j'ai de douter, c'est qu'elle nous affirmait n'avoir pas peur du *gars*, comme elle l'appelait.

Et nous, nous ne le craignions pas davantage.

Mais le vendredi, au tomber du jour, il m'effraya. Des pigeons enfermés dans une volière n'avaient reçu de lui ni l'eau, ni le grain. Sa faute était facile à constater. N'importe qui l'eût reconnue. Lui, pas. Il se défendit. Il s'obstina en cette défense.

— Vous mentez, Charles, lui dit ma femme.

Ce fut tout. Il ne répliqua pas un mot, et nous donnâmes nous-mêmes le grain et l'eau à ces pigeons. Mais il arriva que dans l'obscurité de la nuit commençante, comme, avec Angèle, nous étions demeurés au jardin et nous attardions devant la porte de la cuisine, le brusque sentiment que nous étions observés me fit retourner, et je vis, à cinq pas de nous, debout, à l'angle du mur et faisant presque corps avec les pierres, Charles, les mains croisées derrière le dos et qui nous épiait, sournois.

III

A l'instruction il a déclaré que ce qu'il a fait il l'avait fait pour voler, mais aussi pour se venger.

Ce n'est pas la vérité. Il n'eut qu'un mobile, le vol. Mais la vérité n'est pas loin, car, décidé depuis longtemps, depuis sa sortie de Poissy, à commettre un vol d'importance et à tuer, s'il le fallait, pour commettre ce vol, c'est à cette heure-là, dans sa vanité blessée de domestique pris sur le fait, et qui, chez monsieur Villot, n'avait jamais eu que l'air de travailler, mais ne l'avait pas eu assez pour tromper les autres domestiques, c'est là, à l'angle de ce mur, sous le louche crépuscule de ce vendredi, parce que ma femme, excédée des mauvaises raisons dont il l'assourdissait, lui avait reproché d'avoir menti, et parce que le crime était bien dans sa volonté, qu'il s'est dit :

— Tiens, mais pourquoi pas ici ? pourquoi pas sur ces gens-là ?

Et il réfléchissait.

Nous rentrâmes. Il ne bougea pas.

Il resta à la même place jusqu'à la nuit tout à fait close, plus d'une heure durant. C'était comme une statue.

Mais une attitude qui fait peur, c'est affaire d'interprétation. On peut avoir tremblé à tort. Ah! si Schérer avait dit quelque chose!

Il a dit quelque chose. Il ne s'était pas

assis à table pour manger. Il l'a dit ce même soir, s'étant accoudé sur l'appui d'une fenêtre, et ses deux mains ouvertes soutenant son visage :

— IL Y A DES GENS QUI EN FONT PASSER D'AUTRES SOUS LES CHEMINS DE FER; MAIS MOI AUSSI J'EN FERAIS BIEN PASSER, DES GENS, SOUS LES CHEMINS DE FER.

Et tandis qu'il se disait cela, par les vitres maillées de plomb de la fenêtre où il était appuyé, il voyait là-bas, à sa gauche, les feux de la gare de Saint-Mammès, vers laquelle se hâtent ou qui laisse venir à nous, sur les arches du viaduc, les panaches de lumière et les énormes yeux rouges des trains allant sur Paris ou sur Lyon; la gare de Moret qui, plus proche, semble dans la nuit toute une ville illuminée, et la voie triple qui se courbe, jalonnée de ses disques multicolores et descend pour passer, au fond d'une tranchée, devant cette maison des Greffières, que j'ai bâtie et dont la barrière n'est séparée des haies du chemin de fer que par un chemin vicinal de cinq mètres!

Et tandis qu'il se disait cela, des trains sortaient de l'ombre sans cesse, et sans cesse des trains y rentraient, ces trains dont le passage fait trépider le sol, et qui broieraient des corps étendus sur les rails et en feraient une bouillie méconnaissable.

IV

J'insiste. Mais est-ce de ma part imagination? chimère?

Non.

Le lendemain, dans la cour qui se trouve derrière la maison et qui n'était qu'un vaste chantier plein de plâtras et de poussières où les maçons, après m'avoir construit une étable, édifiaient d'autres dépendances, Schérer, à l'un des apprentis de ce chantier demandait si, APRÈS DIX HEURES, IL N'Y AVAIT PAS UN TRAIN POUR PARIS.

L'apprenti s'appelle Piquet. Il fut surpris de la question. Pourquoi Schérer la lui faisait-il ?

— C'est, répondit Schérer, parce que j'en veux à quelqu'un.

Et là-dessus, il se remit à se glorifier de sa force.

D'autres fois, il dit aussi qu'il n'aimait pas à être commandé, et que si quelqu'un lui donnait des ordres, il lui casserait la figure.

Mais depuis ce vendredi (car il avait pour le crime un esprit de suite qui, appliqué de meilleure façon, l'eût pu conduire à tout), il ne s'écoula pas un jour sans qu'il cherchât à savoir quel train passerait après dix heures.

Revenons à sa terrible phrase devant la fenêtre.

A plusieurs reprises déjà, il avait monologué de la sorte; monologues dont le sens échappait à Angèle et qui ne lui causaient qu'un étonnement.

— Il se dit des bêtises tout seul, disait-elle; et elle en riait, pauvre petite, donnant à ces soliloques l'excuse de l'absinthe. Schérer, en effet, dès qu'il trouvait une raison pour sortir, ne manquait pas d'aller boire au prochain débit. Il avait si grand besoin d'un apéritif!

Mais le discours de ce soir-là était d'une signification trop claire et trop précise pour ne point laisser à penser; et quoiqu'elle en rît encore, elle nous le répéta, non sans une appréhension.

— Il nous a plus ennuyés qu'il ne nous ennuiera, lui dit ma femme.

— Oui, répondit Angèle, à qui nous n'avions pas caché notre intention de rendre à son ancien patron le domestique qu'il devait avoir tant de plaisir à reprendre.

Et, à coup sûr, nous le lui aurions renvoyé, et c'eût été chose faite, sans une certaine déférence bien malheureuse de notre part pour monsieur Villot.

Nous nous étions cru obligés à attendre quelques jours afin qu'il ne doutât pas que notre essai de son Charles avait été sérieux.

Mais un peu plus tôt, un peu plus tard, cela n'eût rien changé, ou je me trompe fort, et je ne crois pas me tromper.

J'écrivis à monsieur Villot. Je lui représentai que nous n'avions pas lieu d'être satisfaits de Charles et que nous le lui rendions.

— Charles, lui disais-je, partira lundi.

V

On ne nous avait rien relaté de ses propos avec le jeune Piquet. Je n'en eus connaissance qu'aux derniers jours de septembre.

Cependant nous en savions suffisamment et la défiance que depuis la scène que j'ai dite nous inspirait Schérer nous porta à lui cacher jusqu'au moment voulu notre résolution de nous priver de lui.

Il faisait donc son service comme il le savait faire, lorsque, ce lundi, vers trois heures, sous l'appentis où il préparait la pâtée des volailles, nous le joignîmes, et là :

— Charles, lui dit ma femme, je dois vous prévenir que nous ne pouvons pas vous garder.

Il eut un mouvement de surprise.

— Pourquoi ? fit-il. Madame me renvoie ? Pourtant je ne m'amuse pas et madame n'a rien à me reprocher.

— Si. Vous ne connaissez pas le métier pour lequel vous êtes venu. Vous laissez mourir les bêtes.

— Alors madame croit que je tue les bêtes exprès ?

— Non, Charles. Je ne vous crois pas assez méchant pour tuer les bêtes exprès. Mais comme je vois que je vais être obligée de les soigner moi-même, je vais prendre une bonne pour s'occuper du ménage et de la cuisine, et vous me seriez absolument inutile.

Elle lui dit aussi que nous avions écrit à monsieur Villot, et, que, nous ayant promis de le reprendre s'il ne faisait pas notre affaire, monsieur Villot l'attendait.

— Mais quel jour est-ce aujourd'hui ?

— C'est lundi.

— Monsieur Villot n'y sera pas. Il est au marché de Fontainebleau.

— Ne le craignez pas, Charles. Il nous a dit qu'il était toujours rentré à quatre heures. Je vais vous donner l'argent nécessaire. Vous prendrez le train de quatre heures et demie. Vous serez à Montigny à quatre heures quarante-sept. Le temps d'aller de Montigny à Grattereau, il faut bien une demi-heure.

— Oh ! il faut plus que ça à pied. Il faut plus d'une heure.

— Monsieur Villot sera donc rentré avant que vous arriviez.

Schérer s'inquiéta encore de savoir quel jour exactement ma lettre avait été mise à la poste, dit : — Bien, madame, et fit ses apprêts.

Mais comme, lorsqu'il fut habillé, un bouton qu'il avait au front et qu'il venait d'écorcher en mettant son chapeau saignait et lui faisait une traînée sanglante sur le visage, elle lui lava ce sang et pansa l'écorchure.

Ensuite il prit congé de nous.

— Adieu, madame.

— Au revoir, Charles.

Mais il entrait dans ses desseins qu'on le sût remercié. Il alla dire adieu au jardinier, dire adieu aux maçons, dire adieu à Piquet, et pour lui donner une bonne preuve de cette force qui était son orgueil, il lui serra la main avec tant de vigueur que l'autre, quoique bien robuste aussi en dépit de sa petite taille, en eut mal au bras jusqu'au soir.

Ce n'était pas assez à son gré d'avoir publié son renvoi. Il s'achemina vers le débit voisin, acheta un paquet de tabac, se fit servir un verre, s'attabla, et causa avec les uns et les autres, racontant les choses comme elles s'étaient passées en effet et n'omettant pas même le détail du bouton saignant et du pansement que lui avait fait madame de la Villehervé, pour laquelle, si ce qu'on m'a rapporté est exact, il aurait à cette occasion témoigné comme un peu de reconnaissance.

Ainsi aucune mauvaise humeur dans son récit, aucune irritation, aucune menace. Il était venu. Il partait. Rien de plus ordinaire. Il avait pris son absinthe avant de se mettre en route. Bon voyage!

Le jardinier couchant au dehors, nous

restions trois à la maison, ma femme, Angèle et moi, qui ne suis pas un Hercule et qui n'en ai point l'apparence.

Et l'on pouvait entrer chez nous comme dans un moulin.

VI

Voici pourquoi :

C'est qu'une bande de terrain assez large se trouvant derrière notre habitation, je faisais, comme je l'ai dit, élever certains bâtiments, les uns, comprenant cave, laiterie, office, cuisine et chambre, s'appuyant au logis principal qui les déborde de moitié de sa longueur; les autres, une étable et l'appentis qu'on sait, en face de ceux-là et se reliant par un mur à une dindonnerie qui barre le fond de cette espèce de cour fermière.

Quant à la partie antérieure de la cour, elle est occupée par un colombier carré dont les murs sont attenants à ceux de la cuisine, et ce colombier lui-même est rattaché à l'angle de l'étable par une porte cintrée qui se reproduit pareille sur le chemin vicinal. L'espace compris entre ces deux portes, soit une quinzaine de mètres, fait une entrée voûtée au-dessus de laquelle s'allonge un magasin à fourrages.

Or, je dois le dire, les ouvriers de ce pays ont pour première vertu de n'en finir à rien. Toutes mes instances auprès d'eux n'avaient pas obtenu d'eux, même une clôture provisoire. J'ai eu beau commander, j'ai eu beau prier, je n'y ai fait que blanchir. Ils avaient cloué au sommet d'un pieu un écriteau de bois fruste portant en lettres noires que l'entrée du chantier était interdite au public. Et leur conscience était tranquille. Et ils poursuivaient leur ouvrage cahin-caha, sans se presser, parmi les tas de terre et de cailloux des terrassements, les piles de briques et tout le désordre des tréteaux, des plâtras et des tonneaux éventrés où fut du ciment.

On n'avait donc qu'à entrer par cette façon de tunnel et marcher devant soi. On était dans la cour. Au bout de la maison, on eût tourné à gauche, on était dans le jardin. On n'aurait eu besoin de pousser ni une porte, ni un portillon.

C'est par cette voûte ainsi ouverte à tout venant que Schérer s'en était allé. C'est par cette voûte qu'il devait revenir.

VII

Je ne dis pas qu'il y eût déjà songé. Ce que j'affirme, c'est qu'il ne lui était pas possible de n'y pas songer promptement. Poissy, où on me dit qu'une musique militaire vient deux fois la semaine régaler d'un concert messieurs les prisonniers (je serais bien curieux de savoir si c'est vrai), est une excellente maison d'éducation. On y enseigne, outre quelques autres menues choses, l'art de jouer du couteau d'après les maîtres, et certainement, aux élèves qui promettent, les professeurs n'épargnent aucun des trésors de leur expérience.

C'est pourquoi Schérer qui, dès sa sortie de Poissy, cherchait la bonne occasion, avait, étant chez monsieur Villot, fait toute une enquête sur la manière de vivre et la fortune d'une veuve Coco-Parenteau, de Sorques, et, étant chez moi, pris des renseignements sur un vieux cultivateur de Veneux, qu'on dit à son aise, le père Satur, n'avait pu manquer de remarquer à quel point se prêtait à une tentative, était un coupe-gorge le décor, cet ensemble de constructions, aux toits inégaux, aux lignes non symétriques, et qui, en son inachèvement, avait pour centre ce trou noir béant sur une rue.

Lui que ça avait chiffonné qu'à la brune on tournât la clé des serrures et qu'on poussât les verrous (après qu'il fut parti, Angèle nous dit qu'il s'en était plaint), il avait noté aussi bien évidemment qu'une heure s'offrait favorable. C'était le soir venu. Angèle, son travail fini, allait porter à la vache la brassée de maïs pour la nuit, puis, l'étable close, rentrait, et tandis que Schérer, que nous avions éloigné d'elle autant que nous avions pu, regagnait, par le jardin, le sous-sol où provisoirement son lit avait été dressé, elle fermait derrière lui la porte de la maison et montait se coucher dans la chambre qui était sienne, exactement au-dessus de la nôtre.

Si par aventure Angèle se trouvait retenue à la maison, c'était lui qui allait à l'étable, mais rien n'en était modifié dans nos habitudes.

Tant qu'il fut chez nous, pas une visite n'avait une seule fois dérangé la régularité de cette vie. Et il y avait là comme une règle établie, dont le gars en son idée fixe avait été frappé.

La preuve ?

Ce qu'il a fait.

VIII

Mais désirant le vol, ne redoutant pas le meurtre, pourquoi n'avait-il pas profité de son séjour auprès de nous ?

D'abord il ne pensait pas que ce séjour serait ainsi écourté ; et parce qu'il ne voulait agir qu'à bon escient; parce que ce n'était pas mûr.

Le propos à lui-même : « Il y a des gens qui en font passer d'autres sous les chemins de fer... » et la question à Piquet sur le passage d'un train le soir, après dix heures, le prouvent bien qu'il n'entendait pas faire les choses à la légère, mais qu'il s'était juré de mettre, comme on dit, tous les atouts de son côté.

Et cette question à Piquet et ce propos à lui-même prouvent aussi une combinaison de crime qui, ressouvenir de romans-feuilletons autrefois lus, l'avait intéressé et que voici :

Nous tuer, il se donnait une heure pour cela, de neuf à dix ; nous emporter dans la tranchée du chemin de fer ; nous y coucher sur les rails, et laisser le train passer. Il avait toute la nuit ensuite pour forcer les tiroirs, piller la maison et effacer les traces du crime. Le lendemain, au jour, on relevait nos corps déchiquetés, et s'il avait été assez habile, on croyait à un accident.

Que fallait-il pour qu'on s'y trompât?

Tout uniment ceci : qu'une cause raisonnable eût pu nous faire descendre sur la voie.

Eh bien, lâcher la vache, la poursuivre au besoin et l'affoler, c'était simple. On la retrouvait ou écrasée aussi ou vaguant par les champs. On dirait que la pauvre bête s'était sauvée, que nous avions voulu la rattraper, et l'ACCIDENT s'était produit.

Un seul ennui à ce scénario.

Quel rôle pour Charles?

Celui de sauveteur malheureux et venu trop tard?

Il offrait des risques. Avec ses antécédents c'était courir gros jeu.

Charles attendit. A dix-neuf ans on peut attendre.

Mais à présent il était dehors.

Complication? Non! Simplification. On s'était bien quittés. Donc, ce ne serait pas lui qu'on rechercherait au cas improbable où on rechercherait quelqu'un, et il ne pouvait plus être un témoin qu'on cite, il n'aurait pas à se composer un personnage.

Hé! hé! il y avait quelque chose à faire.

Et de nouveau je le dis, je gage qu'en son chemin vers Grattereau, il songea à l'entrée sous la voûte, si commode que plus ne se peut, à la petite bonne qui, à point nommé, passerait avec sa lanterne, entrerait à l'étable, et aux facilités qu'il aurait, incomparables pour un guet-apens.

IX

Tout maintenant allait dépendre du consentement de monsieur Villot à garder Charles.

Qu'il fût fidèle à sa promesse, son domestique continuait évidemment à rêver de crimes, mais il n'avait dans l'esprit qu'un projet de plus à balancer avec les autres et dont l'exécution peut-être restait douteuse.

Monsieur Villot n'était pas allé au marché de Fontainebleau. Obligé à quelque voyage et absent depuis deux jours, il ne devait rentrer à Grattereau que le lendemain dans la matinée. C'est par la cuisinière que Schérer fut reçu.

Grande et forte, à la figure un peu masculine, je l'ai vue après les événements. Elle avait le costume de son pays, le large fichu de couleur sombre, le bonnet tuyauté à petits plis relevés et qui ceint les cheveux comme d'un diadème rayonnant. Et avec son accent, amusant à entendre, elle nous dit ce retour de Schérer chez son maître, et comme elle en avait été troublée, car du travail de ce serviteur modèle et de ce dont il était capable elle avait une connaissance non illusoire, elle, et elle l'avait mesuré à son aune.

Elle n'était même point la seule, puisque lorsque monsieur Villot quittait la maison, sa peur et celle de sa maîtresse étaient grandes et qu'elles ne vivaient plus ni l'une ni l'autre.

Souvent elle s'en était ouverte à monsieur Villot, qui riait :

— Bon, quelles frayeurs! Vous êtes folle, ma pauvre Miette, vous êtes folle!

Elle ne l'était pas tant. Et moins de frayeur eût pu coûter cher à monsieur Villot. Ainsi un jour que le facteur avait apporté une lettre chargée de quinze cents francs :

— C'est une lettre chargée, ça, Miette? lui dit Schérer.

La cupidité lui flambait dans les yeux.

— Non, non, Charles, répondit la brave femme, c'est une traite à payer. Nous ne recevons jamais de lettres chargées ici.

Elle avait ressenti le frisson d'un méfait possible.

A la réapparition de Charles dans la

villa de Grattereau, elle ressentit ce même frisson.

C'est lui qui le premier parla :

— Vous savez, Miette, on m'a renvoyé.

— Ça ne m'étonne pas. Vous aurez encore fait quelque tour.

— Il est mort deux dindonneaux, madame m'a accusé de les avoir tués.

Son visage en même temps avait pris une expression de férocité. Mais les yeux de Miette étaient ouverts sur lui. Il changea de ton et de discours.

— Miette, est-ce que vous croyez que monsieur me reprendra?

Elle n'osa pas lui en donner son avis.

— Mais certainement, Charles, lui dit-elle. Pourquoi monsieur ne vous reprendrait-il pas?

Il s'enquit aussi de ma lettre, demanda si monsieur Villot l'avait reçue.

— Il en est venu plusieurs pour monsieur.

Ce dialogue avait eu lieu dans la maison. Un paquet de lettres était sur un meuble.

— Voyez s'il y en a une de monsieur de la Villehervé.

— La voilà, dit Charles, qui la connut aux timbres de la poste ; et, revenant à son idée d'être gardé par monsieur Villot, car, on le voit, il avait bien le dessein de tenter le coup, mais il flottait encore entre ses diverses combinaisons, et d'autres, meilleures, pouvaient se présenter, il reprit qu'il voudrait être emmené par monsieur à ses vendanges du Puy-de-Dôme, ayant déjà trouvé le moyen de se faire dire que là-bas il y avait chez les vignerons des fortunes.

Miette ne se souciait pas de prolonger l'entretien.

— Vous causerez demain matin avec monsieur. En attendant, vous allez souper : votre chambre est prête.

Mais Schérer dit encore, ne comptant pas ce qu'il avait dépensé en route, que ma femme lui avait donné trente sous, et qu'il nous avait défoncé deux tonneaux de prunes apprêtées pour la distillation.

— L'avez-vous dit ?

— Il n'y a pas de danger !

X

Autres chansons.

Il y a trois fêtes à Moret : la Boyau-Rouge, la fête de saint Lazare et la fête de Septembre, qui est aussi une foire où l'on vend quelquefois des bestiaux, mais où se fait surtout un grand commerce de cercles et d'articles de tonnellerie.

Toutes trois ont leurs chevaux de bois et leur bal sous la tente Bonneau ; mais la fête de Septembre prime les deux autres. La veille, une retraite aux flambeaux l'annonce ; des théâtres se dressent dans la partie des anciens remparts qu'on appelle le Champ-de-Mars, un long carré d'herbe sous des arbres qu'illuminent le soir des guirlandes de lampions aux trois couleurs. On marche là jusqu'au Loing, par qui est bordé ce Champ-de-Mars, entre deux rangs de buvettes, de loteries, de tirs, de voitures de somnambules. Des pâtissiers font des gaufres et des galettes. Et le lundi, bombes et feu d'artifice; ce feu d'artifice tiré de l'autre côté de l'eau, devant un rideau de peupliers, dans une prairie.

C'est deux jours de musique et de joie.

Nous étions débarrassés de Schérer. Nous n'avions plus l'oppression de sa présence. Nous avions promis à Angèle de lui faire voir la fête.

Deux jeunes gens de nos voisins, Louis et Tony Gallet sont les fils d'un ancien payeur général des armées, qui, à Sedan, porteur d'un million en billets de banque, avait, en les détruisant après en avoir copié soigneusement les numéros, sauvé cette somme au Trésor. Ils passaient leurs vacances à Veneux. Je leur donnais quelques leçons. Ils vinrent nous prendre à la maison, et nous partîmes.

Fusées, soleils, pluies de feu, jamais Angèle n'avait rien vu d'aussi beau. On lançait et on abandonnait au courant des bateaux et des cygnes de flamme. De la rivière jaillissaient des chandelles romaines. Elle était heureuse. Le bouquet final s'épanouit dans l'air, et aussitôt voilà les grosses caisses et les trombones des forains d'appeler le public; l'orchestre du bal s'époumonne, les orgues de Barbarie font rage, les chevaux de bois tournent.

Angèle avait eu le divertissement d'un

feu d'artifice. Elle entra dans un théâtre. Le Théâtre Moral. Son ravissement faisait plaisir. Le lendemain (c'était le 12 septembre), à toutes les personnes qu'elle put, elle dit la comédie, les doubles trapèzes, la marche au plafond, les poses plastiques. On nous avait montré Joseph vendu par ses frères. Un tout petit Benjamin l'avait enchantée par dessus tout.

— Si vous aviez vu, disait-elle, c'était un petit Jésus.

Et elle était si contente !...

Le soir il devait la tuer.

XI

Mais reparlons de lui.

Monsieur Villot était rentré le matin. Sa bonne le prit à part avant qu'il eût été aperçu de Charles, et, lui disant comme elle avait été effrayée de ce qu'elle avait lu de terrible au regard de celui-ci :

— Il est à la maison, fit-elle. Mais si vous voulez le garder, moi je vous déclare que je m'en vais avec mon fils. Vous choisirez entre lui et nous, parce que je suis sûre qu'il nous arriverait un malheur.

Schérer se présenta.

4

Les paroles de la cuisinière avaient impressionné monsieur Villot. Il dit à son domestique que, dans l'impossibilité où il était de le garder, il eût à se procurer du travail. Il lui indiqua des endroits où il ferait bien de s'adresser, une carrière de sable, une briqueterie de Moncourt ou de Fromonville. Du reste, Charles n'avait pas à s'inquiéter : si on ne l'embauchait pas, il reviendrait souper et aurait sa chambre. On laisserait la porte ouverte.

— Et demain, lui dit-il, je vais du côté de Melun. Je vous emmènerai. *Je vous donnerai des lettres de recommandation.*

— J'irai chercher du travail, répondit Schérer à monsieur Villot.

A la cuisinière il dit qu'il n'irait pas.

Que fit-il ?

Ceci : Le fils de la cuisinière avait un couteau triangulaire, de bon acier, un de ces couteaux dont la lame très aiguë est longue de quatorze centimètres et forte à souhait. Schérer le déroba, le mit dans sa poche. Il était si parfaitement assuré de réussir que ça lui fut bien égal qu'au manche de bois de ce couteau son propriétaire eût gravé en creux ses deux initiales A. M. (Antoine Malon), séparées par un trait vertical, comme un I.

Puis il vola deux clés, une grande et une petite.

Et pour ne se point égarer en route, il vola encore un indicateur de la forêt.

C'est un garçon qui pensait à tout. Il avait déjeuné. Il était une heure.

XII

A la sortie de Veneux-Nadon, quand, sur le chemin qui longe le chemin de fer, on se dirige vers Moret, on passe devant une ferme sans grande apparence, mais dont les peintres connaissent bien la vaste cour, à cause d'un vieil escalier couvert qui est pittoresque.

L'entrée de cette ferme est flanquée de deux ormes étêtés aussi vieux que l'escalier.

Au delà il n'y a plus que deux villas et ma maison.

Les deux ormes dont je parle ne sont pas à cent mètres de chez nous. Le pied de l'un est enfoui dans un énorme tas de pierrailles. L'autre est tout proche du mur d'un des bâtiments.

Entre le mur et l'arbre, la place d'un homme.

A huit heures et demie, la nuit était noire. Il y avait un homme derrière l'arbre.

Une bonne vint à passer. L'homme sortit précipitamment de sa cachette et courut à elle, la regarda sous le nez. Peut-être il l'avait prise pour une autre; peut-être il voulut se donner seulement la certitude qu'il n'en était pas connu. Il la laissa aller.

Celui qui se cachait était vêtu d'un paletot, était coiffé d'un chapeau melon.

C'était Schérer.

Un instant après, il y eut une autre

passante, une couturière qui revenait de journée.

Quand elle passa devant le porche inachevé, incomparable pour un guet-apens, un homme était sous la voûte. Cet homme était habillé comme l'autre : chapeau melon et paletot.

C'était le même sans doute. Mais à l'instruction, la jeune fille, qui l'avait affirmé d'abord et qui avait dit avoir trouvé étrange que se tînt là, dans l'ombre, un domestique à nous qu'elle savait que nous avions renvoyé, ne fut plus du tout si affirmative.

Elle avait vu un homme, elle ne pouvait rien dire de plus.

Schérer n'a pas nié la première rencontre, il a nié la seconde. La première suffit.

Il n'était pas derrière son orme depuis longtemps; car Louis Gallet, qui n'avait pas pris sa leçon dans la journée, m'avait demandé de venir le soir, et lorsqu'il était sorti de la maison où il habitait avec son frère, chez sa grand'mère, — et qui s'ouvre tout précisément en face des deux arbres, — il n'avait pas vu Schérer, ce qu'à la rigueur on comprendrait; mais Schérer ne l'avait pas vu davantage. Et il ignora que Louis Gallet était chez nous, comme nous ignorions, nous, que le crime nous épiait de si près, le couteau dans la main.

Nous avions dîné tranquillement. Le thé fumait dans nos tasses. J'avais ma pipe. Louis, en attendant le moment de passer dans la bibliothèque, s'amusait à refaire à l'encre le crayonnage de deux cartes qu'il avait copiées, de l'Égypte ancienne et de l'Assyrie.

Dans cette paix un coup de sonnette.

C'était le jour et c'était l'heure de l'épicier, le garçon de Félix Potin qui apportait les commandes de l'autre semaine, qui venait inscrire les ordres pour le mardi suivant. Angèle alla lui ouvrir la barrière, puis le reconduisit et rapporta la clé. Après quoi, faisant à son habitude, elle alluma sa lanterne et sortit. Il fallait que la vache eût son fourrage pour la nuit.

Mais pourquoi le lui porter si tard ? Je me rappelle qu'avant dîner j'en avais fait un reproche à la malheureuse enfant. J'aurais voulu que pour le tomber du jour tout fût en règle. Elle était lente, et je ne l'obtenais pas.

XIII

Cette lenteur était son seul défaut. Mais très bonne, très honnête, nous le lui pardonnions aisément, et nous avions pour elle un attachement qui n'était pas sans affection et qu'elle méritait. C'était la fille d'un garde-barrière d'Ury. Elle n'avait pas quinze ans ; elle était grande, avec un doux visage très régulier et des yeux au fond desquels se lisait une indéniable pureté.

Il ne se fut pas écoulé dix minutes que ma femme s'inquiéta.

— Qu'est-ce que fait donc la petite ? se

dit-elle, et, se levant, elle sortit sur le perron et appela :

— Angèle !

Mais, par un bonheur, une supposition qui lui vint à l'esprit et qui était vraisemblable en effet, la rassura pour un moment, et elle ne s'aventura pas au dehors.

L'enfant ne revenait pas cependant.

Ma femme reprit :

— C'est étonnant ! il me semble qu'elle est bien longtemps. Qu'est-ce qu'elle fait donc ?

J'allais quitter la table, m'en aller dans la bibliothèque avec Louis ; je voulus savoir ce qu'Angèle devenait.

Je craignais si peu un danger que je ne dis pas un mot de mon intention, et, sans prendre un bâton seulement, je fis le tour derrière la maison, suivant ainsi le même chemin qu'avait suivi la petite.

Dès que je fus dans la cour, j'appelai, comme avait fait ma femme. Rien ne me répondit. J'écoutai. C'était un silence dont j'ai l'âme encore troublée quand j'y pense. Mais ayant cessé de marcher, j'entendis que la vache mangeait dans son étable, et j'entendis comme un froissement d'étoffes. Alors j'eus peur. J'appelai une seconde fois :

— Angèle !

Le bruit d'étoffes s'était interrompu subitement après mon premier appel ; mais la vache mangeait toujours, paisible, et il n'y eut pas un souffle, pas une haleine. Je regardai vers la laiterie, nulle lumière. Angèle était donc restée dans l'étable ? Je me portai vers la droite pour voir et j'approchai vivement. Il n'y avait pas de lumière non plus dans l'étable, et la porte, — qui est une porte à glissoire,

— n'avait pas été fermée, laissait entre ses deux vantaux un grand trou de nuit.

Aux quatorze ans d'Angèle on pouvait imaginer une indisposition, un évanouissement. J'eus l'idée aussi d'un accident, d'un coup de corne.

Jusque-là, j'étais demeuré dans la partie de la cour que l'ombre des bâtiments ne faisait pas noire. Cette ombre ne commençait que plus loin, à quelques pas.

— Angèle! Angèle! criai-je, plein d'angoisse à présent. Et je m'avançais.

Mais, aussitôt que je fus entré dans l'ombre, *à ce moment précis que quelqu'un qui me voyait et que je ne voyais pas avait escompté*, un cri rauque, un cri de bête fauve, un cri de joie féroce : — « Ah ! » et un mot : — « Attends ! » me glacèrent d'effroi. Et à la même minute, tout de suite, si près de moi que déjà j'étais frappé, une forme surgit, bondissante, épouvantable, les bras levés. J'étais assailli par un homme de ma taille, en gilet, la tête nue, et qui, de même qu'il avait enlevé son paletot et son chapeau pour travailler, devait également s'être déchaussé, car j'aurais entendu son pas.

La nuit l'enveloppait. Je ne vis pas ses traits. Je n'avais vu de lui — par quelle acuité de regard, sous la brusquerie de cette attaque et dans ces ténèbres? — qu'une silhouette, mais si nette, si déterminée, que je le reconnus. C'était Charles! Et je devinai aussi ce qu'il avait fait d'Angèle, et que lâchement il l'avait surprise comme lâchement il me surprenait.

Mais croire à un assassinat? Oh! Dieu, non! Même de sa part, je n'y crus pas. Monsieur Villot n'avait pas gardé Charles; Charles s'était figuré que je l'avais trompé:

il était furieux, voilà ce qui me passa dans l'esprit; et à sa colère, tandis qu'il m'accablait de coups sur la tête et sur l'épaule droite, je ne supposais qu'une arme : ses poings.

De fait, la sensation des coups de couteau me fut celle, il me semble, que j'aurais ressentie de coups de poing, et, la tête basse, le bras gauche levé, je me défendais comme je pouvais, sans grand espoir, connaissant la force de mon adversaire. Je pensai à ma femme, qu'il frapperait aussi, mais j'étais sans terreur pour ce qui adviendrait de moi, et de sang-froid.

Au cri inarticulé de Schérer quand il s'était jeté sur moi, à ce « Ah! » d'une joie si cruelle, à ce mot, le seul qui fut dit : « Attends! », j'avais eu la gorge serrée; un frisson m'avait rayé le dos, quelque chose comme un éclair abominable qui m'eût traversé, allant de mon épaule gauche à ma hanche droite. Je m'étais trouvé sans voix. Ce n'était plus cela : je raisonnais, j'étais calme ; j'aurais inventé peut-être une défense.

Mais une coulée chaude s'allongea sur ma main gauche : du sang, évidemment ! Des coups de poing n'ouvrent pas une blessure, ne font pas couler du sang. Je compris : Charles avait un couteau.

Et c'étaient des coups de couteau que cette grêle drue et incessante qui me tombait sur la tête et sur l'épaule.

Je n'avais pas rompu d'une semelle : j'étais au même lieu où j'avais été attaqué, et j'y étais face à mon agresseur.

Comment se déplaça la lutte et comment je tombai, je ne sais pas. Je me retrouvai à terre auprès de la porte de la laiterie, assez près de cette porte pour que l'embrasure étroite en eût été éclaboussée de mon sang : il y avait là un tas de pierres et de débris sur lequel je m'étais abattu dans ma chute, une chute en avant.

Or, en tombant, j'avais fait un complet demi-tour ; au début, c'étaient l'étable et le porche que j'avais devant les yeux, maintenant le coin de la maison et le fond de la cour.

Ma perte de connaissance fut de très courte durée. Charles était toujours après moi, mais il ne me frappait plus. Il en eût été bien empêché, m'ayant, dans sa violence, planté au crâne son couteau avec une telle violence qu'il ne l'en pouvait plus retirer. Pour l'arracher de l'os, où il était enfoncé comme un clou dans une planche, Schérer dut y mettre les deux mains et se coupa à la main droite. Et encore ne l'enleva-t-il qu'en le brisant, m'ayant laissé au cervelet quatre centimètres de fer (exactement quatre centimètres deux millimètres!).

Je ne me rendais pas compte de ce qu'il faisait. Je souffrais dans ma tête, ébranlée partout.

Une effroyable douleur brusquement me vainquit : c'est quand il cassa son couteau dans la plaie, et pendant que, du tronçon qu'il en avait gardé en main, il se remit à sa besogne de boucher, moi qui n'en pouvais plus, terrassé, j'appelai au secours. Ce fut en toute cette affaire mon seul acte irréfléchi.

D'instinct, sans que mon esprit y eût participé en rien, j'avais prolongé la dernière syllabe du mot secours, ainsi que dans les mélodrames font communément les gens qu'on assassine, et, une seconde fois, je poussai le cri lamentable. Mais cette fois-là, c'est à dessein, c'est volontairement que je prolongeai le son, voulant être entendu, le voulant fermement, car ma femme n'était pas seule : elle avait Louis Gallet avec elle.

Seulement est-ce que ma voix porterait? Est-ce qu'elle irait jusqu'à eux, étant barrée par des murs? Je craignis que non. Puis, cette locution : au secours! — j'y songeai, — c'étaient trois syllabes sourdes qui se devaient perdre à distance. Donc un mauvais appel. Je changeai; je criai : — « A moi! vite! vite! »

Pour Schérer, ces différences ne lui importaient pas, mais si fait mes cris. Son plan devait réussir. Une victime avait déjà succombé, baignait dans son sang, et de la maison on ne s'était même pas douté qu'il y avait eu agression. Une autre allait aussi mourir, était aux trois quarts morte : il ne fallait pas qu'on en eût le moindre soupçon, et elle criait?

Ah mais non! il allait me faire taire.

Il y essaya, tenta avec sa main gauche d'amasser de la poussière sous mon menton, sous mon cou. Je me rappelle bien ce geste qui balayait doucement, qui rassemblait cette terre dont il m'aurait empli la bouche.

Ma tête ne posait plus sur le sol. Je m'étais un peu soulevé pour crier. Je m'appuyais du côté droit sur mon coude. J'avançai ma main, je lui pris la sienne. Oh! il y a même en ces batailles une joie possible! Je le mordis. Oui, j'avais entré dans ma bouche deux de ses doigts, le quatrième et le cinquième, des doigts d'enfant. La petitesse de sa main, qu'auparavant je n'avais pas remarquée, m'étonna.

Et de mes dents je lui fis une bague sanglante. L'idée m'en était venue avec des mots.Je le mordis *pour qu'on pût le reconnaître.*

J'avais réussi. Le lendemain il la portait visible au petit doigt, cette bague de sang.

Mais que j'ai donc bien fait de le mordre ! Car, pour dégager ses doigts que je tenais dans mes dents, ce qui lui restait de son couteau dans l'autre main le gênait. Il m'en asséna un dernier coup formidable entre les deux épaules, un coup appris à Poissy, et jeta son arme, la lança en l'air.

Il était temps que le bandit fût désarmé. Ma femme accourait. Seule.

XIV

Dès mon premier appel, elle avait entendu. Louis, dans l'attente que je revienne, avait commencé je ne sais quelle conversation sur l'hypnotisme.

— Écoutez, Louis! On dirait des cris.

— Mais non, madame de la Villehervé : ce sont des gens dans la rue.

Moi, dehors, à terre. — « Au secours! à moi! »

Elle avait déjà quitté sa chaise, et elle venait. Dans la position où j'étais, j'allais la voir aussitôt qu'elle déboucherait à l'angle de la maison, et ce serait tout de suite, dans une seconde.

Cependant la pensée est plus prompte encore en ces extrémités. Et lorsqu'il m'eut donné ce coup entre les deux épaules, vrai coup de grâce qui, porté seulement un centimètre de plus sur la gauche, aurait intéressé l'épine dorsale et me tuait, j'eus la conviction qu'il me devait croire fini cette fois, et, ne sachant pas son couteau brisé ni qu'il le jetait, j'avais cessé de crier et je ne bougeai plus, parce que, dans cet instant suprême, m'était apparu ce qui allait suivre immanquablement quand je ne serais plus là : le meurtre de ma femme, de Louis aussi, la maison dévastée, pillée, où l'assassin serait maître; et, souvenir du bruit d'étoffes tout à l'heure entendu, j'eus l'horreur d'une profanation possible que, survivant, j'empêcherais.

Pour que ma femme ne fût pas tuée, je fis le mort.

XV

Quelle vaine confiance avais-je donc que le souffle de vie qui me restait serait un obstacle? Je me savais mutilé, le bras gauche hors de service, cassé, pensais-je. Mais j'ignorais que ma main, droite blessée également, ne me serait pas davantage utile. Et j'espérai en moi. La belle folie!

Cependant ma ruse avait été suivie de succès? Non. C'est parce que ma femme était survenue que Schérer m'avait lâché pour courir sur elle. Je l'avais vue à peine : il se rua. Et, les poings en arrière, fonçant comme un bélier, il l'atteignit, au creux de l'estomac, d'un coup de tête. Mais il manqua d'élan, car déjà Celle au courage, à l'héroïsme de qui je dois d'avoir été sauvé, n'était pas à un mètre du tas de pierres où je gisais.

Je me relevai. J'allais voler à son aide. Nous serions deux contre ce forcené.

Ah ! oui, pauvre homme ! quel temps il me fallut, avec mon bras unique, pour me redresser, me mettre sur mes pieds, le rejoindre, ce Schérer !

Je voyais tout. Ma femme qui aurait dû être renversée n'était tombée que sur un genou, sur le genou gauche. Elle se serait remise debout, elle avait appuyé une main sur le sol. Lui, à coups de poing sur les reins, avec ses deux poings, il s'efforçait de la terrasser, il se multipliait, il sautait autour d'elle. Je l'ai présent encore, — ombre noire, — comme dans une danse macabre ; les poings ne lui suffisant pas, il lançait des coups de pied. Ses jambes faisaient des angles désordonnés dans la nuit et retombaient.

— Louis ! Louis ! criait ma femme.

Mais ce n'était pas à elle qu'elle pensait, si brave et si bonne !

— Louis ! venez au secours de mon mari qu'on assassine !

Pour elle-même pas un mot. Elle se débattait. Un coup de pied de Schérer lui ayant effleuré la bouche, elle prit ce moment de si court répit dont l'autre eut besoin pour reposer son pied à terre, et, s'étant soulevée, elle l'empoigna des deux mains par la barbe. Alors elle le regarda les yeux dans ses yeux à lui. Un peu de clarté s'était faite dans le ciel. Elle reconnut Schérer. Ils se retrouvèrent debout ensemble.

Il me tournait le dos. Le saisir au cou et l'étrangler eût été facile pour un valide. J'arrivai sur lui.

Mon Dieu! tout ce qui me fut permis je le dirai. Ce fut de lui coller mes deux mains aux épaules, et de m'appuyer sur lui, et de le suivre en ses mouvements comme dans leurs marches militaires font les chiens savants chez Corvi.

Et si faible, je n'avais même plus de voix pour crier.

Ce n'était que ma femme qui appelait :

— Louis! Louis!

XVI

Des journaux ont publié de ces faits des récits bien autres, et j'en suis aise, car c'est belle chose que l'imagination. Puis, il faut qu'on l'avoue, la scène telle qu'on l'a décrite eût fait honneur à un dramaturge.

Schérer, disaient-ils, avait son arme encore, ou du moins le manche de son arme. Ma femme, par un effet certain sur le public, défendait à Louis d'approcher ; mais lui, jeune premier rôle admirable n'écoutait que sa jeune valeur; de son bras étendu, il écartait ma femme, il la couvrait de son corps. Tableau ! Et l'odieux, l'effroyable et hirsute assassin, devant cette fermeté d'un garçon de seize ans, avait honte de son crime et prenait éperdument la fuite. Cela aurait pu se continuer par les *Remords de l'assassin*, effets de lune et apparitions de spectres, et, toute formule étant respectable, le dernier acte se fût judicieusement intitulé le *Doigt de Dieu!*

La vérité fut différemment tragique. Schérer, qui n'avait pas compté sur cette longue résistance de ma femme et avait hâte d'en finir, s'avisa d'un empilement de briques, de la hauteur d'un banc, que les maçons avaient disposé comme tout exprès à côté de la laiterie.

Il avait dit (à Piquet, l'apprenti) qu'il casserait la figure à madame de la Villehervé La renverser sur ce banc qui se trouvait là si à propos, y prendre une brique et lui en fracasser la tête fut son plan. Et en effet, la saisissant par le haut des bras, il l'entraîna. Mais, pour ce qui est de la renverser, c'est à quoi, tout robuste qu'il fût, il ne put parvenir, ma femme ayant crispé ses dix doigts dans les cheveux du bandit.

Elle aurait eu beau faire cependant. L'issue d'un pareil combat contre un hercule n'était pas douteuse.

Mais voici que Schérer vit quelqu'un venir, venir de derrière la maison. Et moi, appuyé à lui et ne pouvant rien, mais ayant des yeux vivants encore, je vis en même temps ce quelqu'un! C'était Louis enfin! Très grand, avec de larges épaules, il n'eut qu'à se montrer. Schérer, qui avait bien prévu trois personnes, mais non quatre, n'eut pas honte de ce qu'il avait fait, mais il eut peur de ce qu'on pourrait lui faire. L'alarme était donnée sans doute. Le village s'éveillerait; des gens viendraient. Il se déroba d'un brusque mouvement aux mains enfoncées dans sa tignasse, il glissa sous les miennes, et s'enfuit, courut tant qu'il pouvait, se sauva sous la voûte, se sauva dans le chemin, disparut.

Il n'a su que le lendemain devant qui il avait si rapidement pris sa course :

— C'était toi qui étais là hier soir, Louis, lui dit-il. Tu as de la chance que je ne l'aie pas su : je t'aurais coupé le quiqui.

Il lui annonça que ce serait pour plus tard.

XVII

Délivrée de Schérer, délivrée de la mort, ma femme, qui n'avait pas vu Louis Gallet plus qu'elle ne m'avait vu, fut vite relevée et rentra dans la maison pour le chercher, pour qu'il s'enquît d'Angèle et de moi. Le jeune garçon l'y avait précédée. C'est dans la salle où nous avions dîné qu'elle le retrouva.

— Comment, mon pauvre Louis, vous nous avez laissé assassiner sans venir à notre secours?

— J'y suis allé, madame de la Villehervé, j'y suis allé, mais j'ai tombé!

Et, désespéré, fou, il tapait du plat de ses deux mains dans les portes, criant :

— Donnez-moi un revolver! donnez-moi un revolver!

— Mais je ne sais pas où est le revolver, Louis. En tous les cas, vous ne pouvez aller avec un revolver dans une nuit aussi noire. Vous ne verrez pas sur qui vous tirerez; vous risqueriez de finir de tuer mon mari.

— Et ma pauvre petite, disait aussi ma femme, qu'est-ce qu'il en a fait?

A ce moment-là, s'étant retournée, elle m'aperçut, car je l'avais suivie, j'étais revenu sur ses talons. Mais, par une habitude d'ordre dont l'observance fut singulière en de telles conjonctures, j'avais d'abord voulu reprendre mon béret, qui était tombé dans la bataille, un beau béret de peluche vieil or auquel je tenais beaucoup : je l'avais cherché par terre, à tâtons, je l'avais rapporté, mes bras ballants, et si épuisé que finalement je n'avais plus conscience de rien, ma rentrée au logis fut en vérité celle d'un somnambule.

Or, à droite de la porte, dans la salle où ceci se passa, était un buffet bas. C'est à ce buffet qu'elle me vit adossé, tout petit, car mes jambes se dérobaient sous moi, et pâle, d'une pâleur horrible, comme un mort, le cou ployé, la tête sur la poitrine, mes bras au corps, j'avais presque sous le menton mes deux mains pendantes, d'où pleuvait du sang.

— Donnez-moi une chaise, dis-je. Je sens que je vais tomber.

Une chaise fut avancée, on m'aida à m'asseoir. Mais Louis sut trouver un linge, ma femme un seau d'eau. J'eus le poignet gauche, d'où le sang coulait surtout, promptement enveloppé. Et le mortel alanguissement, cette torpeur où j'étais, se dissipant par degrés, je m'abandonnai à des plaintes :

— C'est dans le dos, dans le dos que je souffre. Regarde dans le dos.

Oh ! je vous raconte ces choses et j'en pleurerais ! Ma femme était à tout à la fois. Elle me parlait, elle répondait à Louis. Elle n'oubliait rien de ce qu'il fallait faire. Je levai mes yeux vers elle. Elle avait toute la bouche meurtrie, souillée de sang.

— Louis, allez chercher du secours !

Elle lui disait où, chez qui, lui nommait monsieur Richet.

— Mais je n'ai pas d'arme ! je n'ai pas d'arme !

Elle s'approcha de moi :

— Si tu pouvais dire où tu as mis le revolver.

Je ne me souvenais plus, moi ; je donnai des indications fausses. On perdait du temps.

— Tu ne pourrais pas te rappeler où tu l'as mis. Je ne le trouve nulle part.

— Je crois qu'il est dans le tiroir de ma table.

Louis aidait de son mieux. Ma femme, dans ce désordre, avait allumé des lampes, tout ce qu'elle en avait sous la main. Un besoin de lumière après l'affreuse nuit de la cour. Il prit une de ces lampes, et songeant à un moyen que je fusse moins mal, il m'alla quérir dans la bibliothèque un grand fauteuil pliant, en coutil, dont l'écartement est réglé par deux courroies et où je serais comme dans un lit. A eux deux, ils m'y installèrent. Puis la recherche du revolver continua ; et mon sang, sur les carreaux, faisait : Tac ! tac !... à temps égaux, comme les gouttes d'eau qui tombent du robinet mal fermé d'une fontaine.

XVIII

— Une voiture, dis-je.

J'en venais d'entendre une qui approchait, et, content de l'aide probable, j'avertissais, comme si j'avais eu assez de force pour le pouvoir faire.

Mais de la bibliothèque qui regarde le chemin, le roulement de la voiture, les grelots du cheval avaient été bien mieux entendus encore, et la fenêtre ouverte :

— Arrêtez, arrêtez, la voiture! cria Louis d'une voix si impérieuse, éclatante et haute qu'en dépit de mon accablement me revint à la mémoire la scène des *Burgraves* où Magnus, quand l'empereur s'est fait reconnaître, court aux créneaux de la galerie, et, de là, avec une voix semblable, crie vers les archers et vers les sentinelles.

Mon premier souvenir littéraire après le combat. Il me fit plaisir. Un autre, plus tard, au cours de mes dépositions, me causa quelque embarras, et j'eus du mal à éviter le vers de Corneille,

Sous l'obscure clarté qui tombe des étoiles,

lorsqu'il s'agit de dire comment Schérer avait effectivement, pour se jeter sur moi, attendu que je fusse sorti de cette clarté obscure.

La citation m'aurait paru absurde en ces circonstances. Mais de me rappeler des vers je fus heureux. C'était me retrouver, c'était renaître. Et que la belle et sonore voix de Louis m'eût évoqué Magnus et son apostrophe, j'aurais tort de le cacher, qu'on en juge comme on voudra!

Ma femme cependant avait pareillement couru à la fenêtre, et bien haut aussi, et avec plus de tremblante émotion, au conducteur de la voiture elle avait dit :

— Arrêtez, mon bon monsieur, secourez-nous: on vient de nous assassiner!

Quantité de voituriers, à cette explication, auraient fouetté leur cheval, l'auraient mis au grand trot. On aurait pu courir après. La nuit était profonde. Celui qu'une bonne chance avait fait passer devant chez nous était d'une autre sorte. Il avait déjà sauté sur le chemin, confié les guides à sa femme, et simplement il demanda :

— Par où entre-t-on, madame?

Je veux tout de suite nommer ce brave

cœur : c'est un marchand de volailles de Changis-Avon. Il s'appelle Morisseau. Il rentrait du marché de Chéroy, dans l'Yonne.

Guidé par le rayonnement de la lampe que ma femme tenait en l'air pour qu'il se reconnût, il prit au plus court à travers le grillage de fil de fer dans un endroit qu'à vingt reprises j'avais fait refermer, mais où chaque jour les maçons entêtés se pratiquaient un passage, l'autre sans doute n'étant pas assez large pour eux.

Il longea le pignon de la maison, puis la façade principale. La porte du vestibule pendant ce temps lui avait été ouverte, et il entra dans la pièce où j'étais, où le spectacle qu'il vit l'atterra.

Les carreaux alternativement blancs et rouges disparaissaient sous une mare de sang; mes vêtements en étaient lavés : on eût dit que tout un côté de mon gilet avait été plongé dans la cuve d'un teinturier, et du fauteuil où j'étais étalé le sang continuellement gouttait, s'élargissant noir dans l'ombre et lentement rejoignant les flaques rouges.

J'avais salué d'un mouvement de la tête, mais je ne remuais plus, je tenais mes yeux fermés. Monsieur Morisseau s'informa près de Louis si j'étais mort, à quoi Louis tout bas répondit que non ; et là-dessus il conseilla de me donner un peu d'eau-de-vie, que ma femme aussitôt me versa et m'aida à boire. Il s'enquit de ce qui nous était arrivé.

— Monsieur, dit ma femme, c'est un domestique que nous avons renvoyé hier qui nous a arrangés comme ça.

Elle lui raconta du drame tout ce qu'elle en savait. Quant à ce qu'était devenu Schérer, elle n'en pouvait rien dire.

— Attendez, madame, n'ayez pas peur : j'ai un bon chien avec moi.

Nulle hésitation. Monsieur Morisseau allait chercher notre assassin.

— S'il est encore là, nous le trouverons.

— Mais c'est ma pauvre petite bonne... Qu'est-ce qu'il en a fait? Il a dû l'assassiner aussi !

Elle priait qu'on cherchât l'enfant.

— Donnez-moi une lumière, dit-il.

Un bout de bougie fut trouvé, une lanterne. Ma femme la lui mit dans les mains. Et pendant qu'avec Louis il combinait qu'ils prendraient chacun un bâton, une bêche, n'importe quoi, que, il en était sûr, ils rencontreraient aisément dans la cour, elle parla de me déshabiller pour me faire les premiers pansements. Mais qu'elle eût eu moins de calme, moins de force d'âme, je risquais d'être comme le jeune homme de la chanson, celui qui venait de se pendre dans la forêt de Saint-Germain, et qu'on y laissa si bien mourir, de peur de contrarier l'action de la justice. Il y a de ces préjugés à quoi rien ne rime, et monsieur Morisseau objecta qu'avant de me dévêtir, il fallait attendre l'arrivée des gendarmes; une idée dont plus tard il a ri, mais qui lui était venue pourtant et sur laquelle il n'eut garde d'insister. Il entraîna Louis. Tous deux sortirent.

XIX

Qu'on aurait eu bon marché de nos existences ! La porte du vestibule, la porte de la cuisine, la porte de la salle étaient demeurées ouvertes. Nous étions seuls dans la maison. Schérer aurait pu entrer, se cacher ou nous achever. Ma femme ferma tout.

Puis elle revint à moi, que faisaient tant souffrir la blessure de mon dos, la blessure de ma tête, où les coups de couteau avaient, dans les cheveux, tracé comme une ligne droite, presque depuis le front jusqu'à la nuque. Nous avions une boîte de pharmacie homœopathique qu'elle sut trouver, qu'elle m'ouvrit sur les genoux. Je me rappelle lui avoir montré du doigt le tube d'arnica ; elle me prépara une potion. Et elle commençait à me panser, douce et soigneuse.

Soudainement des coups dans la porte de la cuisine.

— Qui est là?

C'était monsieur Morisseau. Il avait trouvé notre malheureuse petite bonne. Derrière lui, un jeune homme et un chien.

— Ne craignez rien : c'est mon commis et mon chien, qui resteront là, qui vous garderont.

— Mais, répéta ma femme, ma pauvre petite Angèle, qu'est-ce qu'il en a fait? Allez me la chercher, je vous en prie.

Monsieur Morisseau repartit.

Quand, avec Louis sur ses pas, il s'en était allé à la découverte, sa femme était déjà descendue sur le chemin. Il avait aussitôt pris son cheval par la bride et fait entrer la voiture, qu'il rangea devant l'étable. Mais le chien s'était mis à gronder, le cou tendu vers le noir.

— Voyons! dit son maître.

Et, renversée sur le dos, les pieds au seuil même de l'étable, sa pauvre tête dans le ruisseau ménagé pour l'écoulement des urines, il avait vu Angèle, tout en sang, criblée d'horribles blessures, une corde lui serrant le cou, et de la même corde ses mains liées en croix sur la poitrine. Et ce pauvre corps d'enfant n'avait pas été seulement lardé de coups de couteau et n'avait pas seulement été ligoté; mais Schérer lui avait relevé les jupes et la chemise jusqu'à la ceinture (vous rappelez-vous que j'avais entendu un bruit d'étoffes?), et il lui avait ouvert les jambes, levé les cuisses. Et contre la cuisse droite, la lanterne était debout, — la lanterne que le bandit a déclaré avoir éteinte lui-même, sans doute quand, la première fois, j'avais appelé. Il avait tué, il n'a pas consommé de viol. Mais on ne m'ôtera pas de l'esprit que c'est uniquement parce que je suis arrivé à temps, et certes il en eut l'intention. Car Angèle, percée de quinze coups, avait trois blessures mortelles, et l'aorte avait été coupée. Et quoi qu'il en ait dit, l'enfant n'avait plus de râle qu'il eût voulu étouffer en lui jetant ses jupes sur la tête. Les jupes n'étaient pas sur la tête d'ailleurs, et Schérer a menti. Et quoi qu'il en ait dit, elle n'avait pas eu de soubresauts, que cette corde ainsi disposée eût empêchés. Ce n'était qu'une anse de panier qu'il avait faite pour plus facilement transporter le corps sur la voie ferrée, où il eût coupé les liens, où il m'eût porté aussi et couché, et ma femme près de moi. Et au premier train qui, après dix heures, eût roulé vers Paris, son œuvre faite, son vol commis, un coup de balai dans la cour, notre sang effacé sous les platras, qui sait, j'y pense, si par un dernier raffinement, il ne se fût pas donné cette volupté d'être un voyageur dans le train qui nous aurait écrasés?

Mais Louis Gallet s'était trouvé là, le coup avait raté. Et monsieur Morisseau dans la maison avait vu un blessé, dans l'étable il voyait une morte! Le chien flaira çà et là, la lanterne soulevée éclaira les moindres coins. Inutile de chercher davantage, l'assassin ne s'était tapi dans aucun angle : il était loin.

XX

Ma femme avait déjà, combien de fois ! demandé qu'on courût prévenir le médecin et les gendarmes.

Monsieur Morisseau baissa jusqu'aux genoux les jupes d'Angèle, et, se tournant vers sa femme :

— Va donc à la maison porter secours à cette dame et à son mari.

Lui, il appellerait, il ferait venir du monde, enverrait chez les gendarmes, enverrait chez le médecin. Mais le cruel spectacle avait trop profondément troublé madame Morisseau.

— Je ne pourrais pas, dit-elle, je me trouverais mal. Il vaut mieux que ce soit moi qui avertisse les voisins. Toi, retourne dans la maison.

Et avec Louis, elle alla éveiller les gens de Veneux. Monsieur Morisseau rentra chez nous ; il resta debout.

XXI

Sa voix était grave et lente.

— Eh bien, madame, je l'ai trouvée, cette pauvre petite. Elle est dans l'étable. C'est une abomination !

— Allez me la chercher. Apportez-la moi !

— Mais je ne peux pas, madame.

— Quel que soit son état, n'importe. Je vous en prie, monsieur. (Elle le priait à mains jointes.) Je la soignerai avec mon mari, je les soignerai tous les deux.

Il redit : — Je ne peux pas !

— Si vous voyiez, fit-il, c'est horrible!

Et sur de nouvelles supplications :

— Je vous assure que je ne peux pas, madame. Elle est morte!

Il n'aurait pas voulu nous le dire. Tant qu'il avait pu, il en avait retardé l'instant. Mais l'épouvantable vision était encore dans ses yeux, le torturait. La dire fut plus fort que lui. Ce furent quelques phrases courtes, hachées :

— Elle est complètement froide. Elle baigne dans le sang. Elle a la tête à moitié détachée du cou. Elle a des coups de couteau par tout le corps...

Un cri de ma femme l'interrompit :

— Oh non, monsieur, je vous en prie, je vous en prie! Vous m'arrachez le cœur!

Rien ne fut ajouté. Et moi, je pleurai. Pauvre petite, son père l'avait mise sous notre protection; nous lui avions répondu d'elle. Et dans quel état je la lui rendrai !

Cependant ce meurtre, cette tentative sur moi, sur ma femme, cela avait-il pris bien du temps ? Dans le moment que nous nous étions trouvés seuls, ma femme avait regardé l'heure.

— Quelle heure est-il ?

— Neuf heures vingt-cinq.

Ah ! Schérer avait bien calculé son affaire. Il aurait été prêt pour dix heures.

XXII

De la maison la plus proche on avait eu le soupçon de quelque chose, entendu des cris ; mais la maladie était dans cette maison, et on n'avait pu en bouger. Et nulle part ailleurs aucun de nos appels, aucun bruit n'était parvenu, n'avait laissé à supposer un drame. Cependant je sais de nos amis, du lit de qui une inconsciente inquiétude, qu'ils ne pouvaient s'expliquer, bannit le sommeil, et il y eut — loin de chez nous déjà — des chiens qui, à l'heure précise du crime, c'est-à-dire de neuf heures à neuf heures et demie ne cessèrent d'aboyer furieusement et de tirer sur leurs chaînes.

Ce sont faits d'exception. Tout le reste du pays dormait.

Aux coups frappés dans les volets, à la nouvelle que donnaient madame Morisseau et Louis Gallet, la stupeur fut grande. Quoi! un assassinat? dans un pays où depuis plus de trente ans il ne s'était jamais rien passé? On se leva en hâte; on sauta sur les revolvers, sur les fusils, sur des fourches. On accourut. Le garde-champêtre avait été éveillé des premiers.

Dans la rue c'était une prise d'armes générale, et devant la cave non fermée de la maison Fournereau, alors inhabitée, un groupe s'était assemblé, criant que le meurtrier avait dû entrer là. Ce fut une comédie. La petite pièce après la grande. Et tous voulaient fouiller cette cave, mais nul ne se souciait d'y pénétrer le premier, si bien que personne n'y aurait pénétré jamais, si d'aventure le garde-champêtre n'avait pris ce chemin et bravement ouvert la marche.

La foule ensuite l'accompagna, pressée, entra chez nous avec lui, par la voûte, jeta dans l'étable un coup d'œil, et de l'indignation ensemble et de l'horreur s'emparèrent des âmes devant le cadavre de la petite Angèle, dont une pitié unanime voulut que sur l'heure on coupât la corde. Mais, danger de trop de zèle ! tout le monde tint à honneur de s'y mettre, et, j'ai peine à le dire, en l'accomplissement de ce devoir, il y eut presque un combat de vanité. C'eût été belle gloire en effet!

La plupart de nos voisins pourtant avaient passé outre. Ce fut bientôt, dans notre salle, des femmes, des hommes, l'un le revolver au poing, l'autre un fusil pendu à l'épaule.

Mais ils n'osèrent pas approcher dès qu'ils m'aperçurent si mal en point dans mon fauteuil de coutil, et ils restaient à l'entrée, attroupement compact et muet. Pousser plus avant c'eût été d'ailleurs marcher dans le sang, et j'en avais perdu une telle quantité qu'en une seule fois la petite fille d'une de nos voisines qui eut le courage de l'essuyer par terre en emplit un demiseau. Et j'en perdais tant qu'il fallut déplacer moi et mon fauteuil pour essuyer encore, et que ce fut comme si on n'avait rien fait, car il en coulait un flot ininterrompu de mon poignet gauche, que, dans l'instinctif mouvement de parer, j'avais offert au tranchant de la lame, et qui n'était plus qu'une entaille béante, d'où maints lambeaux pendaient, comme les crépines d'un rideau.

En ce déplacement de mon fauteuil, il arriva que cherchant à m'y prêter de mon mieux, je soulevai ce bras. Le linge dont on l'avait entouré était tombé. Ma femme, pour laver mes blessures (elle en compta dix-huit, on a dit seize, il n'importe!) m'avait à moitié dévêtu, et elle me continuait ses soins, s'occupant de celles de mes plaies dont je me plaignais davantage.

— Mais c'est son bras qu'il faut panser, son bras à ce malheureux. Voyez donc!

Je regardai qui parlait : une dame dans un peignoir violet, et si pâle, les traits si altérés, que je ne pus la reconnaître d'abord.

— Ah! fis-je, madame Richet!

C'était elle, la femme du peintre qui fut élève et ami de Diaz et de Théodore

Rousseau, et je priai qu'on lui donnât une chaise. Puis, comme je lui avais récemment promis de composer pour elle une petite pièce à mettre en musique et qu'elle chanterait :

— Vous aurez quand même votre petite pièce, madame, lui dis-je. Je ne pourrai pas l'écrire, mais je la dicterai. Seulement, ajoutai-je, il faudra me faire crédit quelques jours.

Et je souris. Et ce devait être navrant.

Mais si madame Richet était pâle, un jeune homme, un maçon, avait, lui, perdu connaissance, on l'avait assis dans la cuisine, on lui faisait respirer de l'éther ; Tony Gallet, qui était accouru au premier bruit, s'était retiré aussitôt et sanglotait contre une muraille ; Louis, chez sa grand'mère, venait d'avoir une crise de nerfs ; une dame s'était sauvée jusque dans la rue, y était tombée en syncope sur une toise de cailloux.

Ma femme, dont l'énergie ne se démentit pas, achevait de me panser, avec la même attention toujours et toujours la même présence d'esprit. Mais quand on ne me regardait pas trop et que je resongeais à Angèle tuée, je me reprenais à pleurer, et elle pleurait avec moi.

XXIII

Comment faire savoir au père de la pauvre enfant son malheur? Nous en parlâmes. Mais ce malheur peut-être n'était pas irréparable, dit tout à coup, en entrant, le propriétaire d'une habitation près de la forêt. Nous nous entre-regardâmes tous.

— Oui, fit-il, j'ai fait un peu de médecine, et j'ai mis ma main sur le cœur de la petite. Il bat encore.

Ce fut une minute d'affolement, et dans les yeux de ma femme passa comme un douloureux reproche :

— Mon Dieu ! si on me l'avait apportée tout de suite comme je le voulais !

Hélas, il n'y avait dans ce dire qu'une généreuse illusion, qu'une méprise sur la cause d'un phénomène normal, très connu. Et véritablement, apprendre au père l'événement exécrable, nous ne pouvions plus autre chose. Monsieur Morisseau nous était resté. C'est lui qui se chargea d'envoyer à leurs adresses les dépêches nécessaires. Il les emporta, et nous ayant demandé de lui confier notre revolver, pour le cas d'une rencontre qu'on pouvait craindre, après tout, nous dit alors seulement — comme garantie — qui il était et où il habitait. Mais ne savions-nous pas assez que c'était un brave homme et ne nous l'avait-il pas assez prouvé ?

Sur ces entrefaites on nous avait amené un petit marchand d'images, italien, je crois; un témoin, car sur la route il avait croisé un homme qui semblait pouvoir être Schérer, et qui, le voyant, s'était mis à marcher sur la pointe du pied. De renseignements plus intéressants, il n'en avait aucun. Il nous rendit service pourtant, nous ayant fait, durant cette veille, une course chez un des pharmaciens de Moret, et il coucha à la maison, dans le lit qui avait été celui de notre assassin. Monsieur Morisseau partit.

Les autres personnes étaient demeurées avec nous. Et le médecin vint, le docteur Rétif, qui se récria contre cette assemblée, trop nombreuse à son gré.

Mais il se peut que la solitude, le calme, le silence soient utiles, soient indispensables aux autres blessés. Moi, si j'ai été épargné par la fièvre (je n'en ai guère senti les frissons qu'une demi-heure dans la nuit), si je me suis guéri plus vite qu'on n'osait l'espérer, c'est, j'en ai la certitude, à ces soins héroïques qui m'ont été prodigués sans retard, et c'est à ce concours, à cet empressement de nos voisins, de nos amis, que je le dois. Et c'est parce qu'on ne m'a pas abandonné une heure à la pensée que j'étais très malade et que j'allais mourir que je n'ai pas été plus malade et que je ne suis pas mort. Au surplus, la solitude, le calme, le silence, c'est à merveille. Mais avoir été assassiné et n'être pas mort, cela n'est pas un métier de fainéant.

Pour commencer, ce fut donc le médecin. Ayant admiré comme ma femme m'avait soigné en l'attendant, ce qui était aussi bien que l'eût pu faire une sœur de charité, la plus accoutumée aux champs de bataille, il me recousit — provisoirement — le poignet et me fit encore un point de suture à une blessure trop large que j'avais à l'épaule droite. Demain viendrait le médecin légiste, le docteur Foucault, de Fontainebleau, et les coutures voulues me seraient faites d'une façon définitive. Qu'on ne me remuât pas jusque-là ! Deux chaises sous mes jambes allongées, je passerais la nuit ainsi ! Et c'était bien vu, puisqu'au plus léger mouvement, mon sang recommençait à couler. Mais quel calme pour un blessé, qu'on lui perce avec un fil d'argent ses muscles déchirés !

Puis, ce furent les gendarmes, le maréchal-des-logis, sa main sur l'étui entr'ouvert de son revolver, et qui fouilla la maison de la cave au grenier ; simple mesure de précaution ! ma déposition ensuite, celle de ma femme, libre enfin de laver les taches de sang de ses lèvres.

Puis ce furent le juge de paix et son greffier, et de nouveau ma déposition, de nouveau la déposition de ma femme.

On me dispensait de signer. J'en aurais été bien incapable! Mais ces dépositions, je les fis très précises, et, ayant analysé toutes mes sensations, c'était un peu comme si j'avais conté l'histoire d'un autre.

Courage? a-t-on dit. Je n'en sais rien. Je relate les choses comme elles furent, voilà tout. Et je me souviens très mal ou depuis que mes plaies avaient subi le bienfaisant contact de l'eau froide, mêlée de la teinture d'arnica et d'un baume pour les blessures trouvé par ma femme dans une pharmacie de campagne que nous avions, je ne souffrais plus. Seul, mon poignet gauche m'incommodait, engourdi, inerte, et du tout je n'ai gardé qu'une impression désagréable : celle du sang que retenait le coutil de mon fauteuil et qui me faisait comme un bain ; qu'une impression pénible : celle d'un froid intense, lequel me valut une broncho-pneumonie, dont, quand j'allai mieux de mes blessures, je faillis parfaitement trépasser, — et qui m'obligea, dès qu'il me fallait tousser, à prier en grâce qu'on m'appuyât sur l'épaule et sur la poitrine, car la force de tousser m'était même refusée.

Oui, quoiqu'on m'eût couvert de fourrures, enseveli sous des pelages de bêtes, je grelottais. Mais du feu, une tasse de café eurent raison de ce froid, le vainquirent, et bientôt je pus dicter, pour mon frère, pour deux amis, des dépêches qui furent expédiées avant le jour.

Alors, pendant que le juge de paix et

son greffier procédaient aux constatations légales, le voisinage s'étant peu à peu retiré (il y avait même belle lurette !), une sorte de conseil de guerre fut tenu. Nous avions donné le signalement de notre assassin, il s'agissait de l'arrêter.

XXIV

— Mais enfin, madame, demanda le maréchal-des-logis comme entrée en matière, est-ce que vous êtes bien sûre, là, que c'est ce Charles, ce domestique? Il faisait noir. Est-ce que vous l'avez positivement reconnu ?

— Si je l'ai reconnu, monsieur ? Je l'ai vu comme je vous vois. Et si, au petit jour, vous alliez à Grattereau, vous l'y trouveriez.

J'opinai du bonnet, comme on dit, ayant, à part moi, réfléchi sur ces choses.

Mais quels beaux calculs avais-je prêté à Schérer, et auxquels il n'avait jamais pensé ! Je m'étais persuadé qu'après avoir fait mine de se coucher, vers les sept heures, il s'était relevé secrètement, était venu aux Greffières par le plus court (deux lieues à deux lieues et demie en deux heures, cela pour un gars qui toujours courait, n'a rien d'excessif), et que, le coup manqué, il était retourné à son lit. On le trouverait donc chez monsieur Villot, je l'aurais parié, et il arguerait d'un alibi fort présentable.

J'avais eu trop d'imagination. Mais qu'il en eût été ainsi que je le supposais, le couteau que le maréchal-des-logis, en ses perquisitions, avait ramassé dans la cour, à quatre ou cinq mètres devant la laiterie, le couteau au manche duquel le garde champêtre avait remarqué l'inscription

A I M, eût, malgré les pires dénégations, révélé la vérité. On ne saurait penser à tout.

Ma femme, qui ne m'en avait rien dit, avait cru aussi que Schérer aurait essayé de se procurer un alibi. Elle était partie de ce point de départ qu'il pouvait croire n'avoir pas été reconnu, puisque, dans nos luttes, ni elle ni moi nous n'avions prononcé son nom. Et très vivement elle l'affirmait à Grattereau. Elle l'y voyait.

Les gendarmes sont braves gens :

— Oh ! non, madame, il n'est pas là-bas. Il sera allé dans la forêt, il se sera détruit.

— Non, non, monsieur ! Un être comme celui-là ne se suicide pas.

— Non ! appuyai-je.

Et je comprends très bien qu'on avait peine à adopter notre idée. Que fût effectivement allé faire chez son ancien maître ce Schérer, sinon se faire prendre? Un gendarme dit que plutôt il se serait dirigé sur Paris.

— Impossible, il n'a pas d'argent! reprit ma femme.Demain,à la première heure, envoyez deux hommes à cheval, vous arrêterez Charles chez monsieur Villot!

Aller à Grattereau, les gendarmes s'y accordaient. Ce n'est que là qu'on pourrait recueillir des renseignements sur lui, sur sa famille, sur ses antécédents. Mais qu'il fût rentré au gîte pour qu'on lui mît la main au collet, cette hypothèse faisait sourire.

Gagné cependant par notre confiance :

— Madame de la Villehervé a raison, dit tout à coup un des gendarmes. Je suis de son avis. Nous prendrons Charles à Grattereau, pas ailleurs.

Là-dessus, la séance fut levée. Il y eut des ordres donnés à voix basse. On alla assister le juge de paix en ses constatations. Monsieur Félix Rigaut, l'adjoint au maire, était venu. Je dus m'assoupir. Mais au lever du soleil, rentrée de la foule ; et je pris un plaisir d'enfant à reconnaître les uns et les autres, à les nommer par leurs noms, en les remerciant. Et à l'adjoint je me souviens d'avoir dit :

— On prétend que le sang des nobles est bleu : vous pourrez maintenant témoigner qu'il est rouge, n'est-ce pas ?

Mais pas un de ceux à qui j'adressais la parole qui ne secouât tristement la tête : pour tous, j'allais mourir, et il n'y avait que ma femme et moi (et le médecin, je crois) qui n'en avions pas la pensée.

Or, ce matin-là, vers six heures, monsieur Villot, qui venait de je ne sais où, passa par la gare de Moret. Il allait rejoindre sa cuisinière au marché de Melun. Sur la table du télégraphiste qui les transmettait, des dépêches relatives au crime étaient ouvertes. Et notre nom fut lu par monsieur Villot ou fut prononcé devant lui, je l'ignore; mais, à ce nom, avec la seule indication des assassinats commis, il pâlit affreusement, et, se rejetant en arrière :

— Ah! quel malheur! dit-il, ce ne peut être que Charles!

Même monsieur Villot qui n'hésitait pas à l'accuser! Un si rare domestique, et dont il avait eu tant de satisfaction!

XXV

Pour ce qui est de Schérer, une fois hors de la maison, il s'était essuyé les mains avec un mouchoir qui fut retrouvé ensanglanté sur la route, et à ce même endroit je présume qu'il s'était rhabillé derrière la haie du chemin de fer. Il s'en alla ensuite dans la direction de Moret. Mais à l'approche de quelqu'un, il coupa à travers champs, était dix minutes après dans la forêt, et toute la nuit il y rôda. Il y dormit peut-être.

Le jour se leva. Sur un calepin qu'il

avait, il écrivit alors pour monsieur Villot une lettre où il déclarait avoir commis un *horrible forfait*, contait qu'il avait tué la bonne et le maître, et demandait pardon d'avoir répondu si mal aux bontés qu'on avait eues pour lui à Grattereau.

La chose semblerait étrange, mais c'est que Schérer avait déjà fait son plan.

Il lui fallait de l'argent pour fuir, pour gagner Paris où il saurait se dérober aux recherches. De cela il ne doutait pas. Un jour, il avait dit à Miette qu'il défierait qu'on le reconnût s'il ne le voulait pas, qu'il couperait sa barbe, se teindrait les cheveux et n'avait pas son pareil dans l'art de déguiser sa voix.

Donc, la lettre écrite, qu'il ferait tenir à monsieur Villot si, pour une raison quelconque, il ne pouvait de vive voix lui faire l'aveu indispensable, et pour avoir les quatre francs nécessaires à son voyage, il s'achemina sur Episy, d'où il gagnerait Grattereau.

Mais à Episy, devant un café, la voiture, le cheval de monsieur Villot. Le fils de la cuisinière, Antoine Malon, qui venait de conduire sa mère au chemin de fer, était entré dans ce café, buvait un verre avec des ouvriers rencontrés là. Schérer poussa la porte.

— Tiens, vous voilà ! Vous allez prendre quelque chose.

— Je veux bien. J'ai à vous parler.

— Ah !... dites. Qu'est-ce que vous avez?

— Je vous le dirai dehors.

Ils sortirent, firent à pied, marchant à côté de la voiture, le bout de chemin jusqu'à Grattereau.

Mais Schérer ne se décidait pas à parler.

— Eh bien ! lui dit le fils Malon, qu'est-ce que vous avez à me dire? Et pensant que Schérer voulait disputer, incriminerait madame Malon au sujet de son renvoi : — Dites-le, fit-il. Vous savez, je n'ai pas peur.

L'autre cependant n'ouvrait toujours pas la bouche. Ce n'est que plus loin, presque au moment d'arriver chez monsieur Villot, que, poussé de nouveau à s'expliquer, Schérer se risqua :

— Eh bien, je viens de tuer.

— Vous êtes fou!

— Je vous dis que je viens de tuer!

Le fils Malon ne le croyait pas :

— Allons donc, vous avez tué les petits verres que vous avez avalés.

— Non, j'ai tué monsieur de la Villehervé et la petite bonne.

— Vous êtes fou! répéta Antoine Malon.

Schérer ne répliqua pas, mais une fois chez son maître, dans la cour, il retira son paletot, montra les manches de sa chemise, rouges du sang d'Angèle et du mien :

— Là ! vous voyez bien que je viens de tuer ! Et puis, continua-t-il, le jeune homme n'ayant pu réprimer un mouvement : — Prenez garde, parce que je vois rouge !

Assez de paroles avaient été dites. Il est impossible que la gendarmerie tarde à venir, pensa Antoine Malon, qui se contint, n'ayant plus d'autre idée que d'amuser Schérer jusqu'à l'arrivée des gendarmes. Et composant son visage et sa voix, il reprit :

— Bon, entrons ! nous allons déjeuner, nous causerons de ça.

— Je n'ai pas le temps. Je veux prendre

le train de sept heures. Il me faut quatre francs.

— Je ne les ai pas. Monsieur Villot m'a dit que, si vous reveniez, je vous donne deux ou trois francs. Je n'ai pas davantage.

— Non, non, quatre francs. Il faut que je parte tout de suite.

— Mais, d'abord, vous ne pouvez pas prendre le train de sept heures, il est trop tard. Entrez à la maison. Je vais voir si madame Rodor pourrait me les donner.

Madame Rodor est la femme d'un ouvrier de la dynamiterie de Cugny, qui est tout proche de Grattereau. Monsieur Villot lui avait loué un logement dans une partie de ses bâtiments.

En même temps, le fils Malon demanderait du vin à cette voisine, car il n'en avait pas, et il attabla Schérer devant du fromage et des noix ; mais de crainte que celui-ci ne se sauvât par le jardin, il eut le soin de fermer derrière soi le vestibule et d'emporter la clé.

Bien lui en prit. Il n'était pas revenu de chez madame Rodor qu'on sonna.

Et c'étaient les gendarmes. Ils avaient mis pied à terre.

— C'est vous qui êtes Charles ?

— Non, mais je l'ai. Si vous voulez entrer, vous allez le prendre.

— Conduisez-moi.

XXVI

Schérer, au coup de sonnette, avait deviné les gendarmes, avait quitté la table, s'était précipité dans le vestibule. D'en trouver fermée la porte, ce lui dut être un moment terrible. Pas de salut. Il se recula jusque dans la cuisine. Un couteau était sur la table. Il n'avait qu'à étendre la main.

Mais le gendarme Aubry se dressait déjà devant lui, lui réitéra sa question :

— C'est vous qui êtes Charles ?

Il y a du cabotin dans ces meurtriers.

Schérer n'allait pas se faire moquer de lui, trahir sa faiblesse de tout à l'heure.

— Oui, monsieur, dit-il de la voix brève et faraude qui est sienne.

— C'est vous qui avez assassiné hier soir, à Veneux-Nadon, monsieur de la Villehervé et sa bonne?

— Oui, monsieur.

Et quand, sur le point de lui passer aux poignets les menottes, le gendarme lui redit:

— Alors vous avouez?

— Oui,oui, monsieur, c'est moi. J'avoue, lui répondit-il du petit air dégagé d'un homme enchanté de lui et des autres.

Puis, comme il n'avait pas bu, et qu'Antoine Malon avait versé un verre de vin, il s'en empara, tout enchaîné qu'il fût, et le siffla, très gaillard.

Au départ, cependant, il jeta dans un

massif de fleurs quelque chose qui se trouva être une des deux clés, que, la veille, il avait volées pour forcer les armoires.

XXVII

Moret était affolé. On se racontait de porte en porte la boucherie de Veneux. Personne de nous n'avait survécu. Notre maison avait été mise à sac. C'était l'œuvre de toute une bande qui s'était réfugiée dans la forêt, qu'il y faudrait traquer. Et pour un peu, on eût dit que la garnison de Fontainebleau tout entière courait la campagne, commençait des battues.

L'entrée qu'entre ses deux gendarmes y fit Schérer par ce qu'on appelle encore la porte de Grez, quoique depuis longtemps la porte ait été démolie, mit fin heureusement à cette panique. Il y aurait eu des familles qui auraient déménagé, toute affaire cessante!

On lui montra le poing, on lui dit des mots durs, il se réjouit de soulever ces colères. Il était un personnage. On avait conscience de ce qu'il valait. Il triompha. Il souriait.

Le capitaine de gendarmerie était venu de bon matin, vers sept heures, voir le théâtre du crime. Il était resté quelque temps auprès de moi. Tout à coup il sortit, et un bruit, un tumulte de foule approchante grandit, grandit rapidement. Ce fut comme dans les orchestres un crescendo de joie débordée, dont la résolution éclata soudainement en un cri vainqueur :

— C'est lui! C'est bien lui! Il avoue!

Comment savait-on si tôt qu'il avouait?

Il était encore sur le chemin. Et comment sut-on qu'on me l'amenait à moi? Cependant tous les visages s'étaient éclairés, et en réalité on me l'amenait. Mais mon cœur, sur ce qu'on m'en dit, battit d'une telle violence et j'éprouvai une émotion si forte qu'en hâte j'envoyai les deux ou trois personnes demeurées près de moi prier qu'on sursît à cette confrontation, demander que du temps me fût donné pour m'y préparer. Et certes je ne doutai pas qu'on tiendrait compte de ma prière; mais longtemps mon cœur battit, et je ne me rassurai que lorsque j'eus entendu le prisonnier et ses gardiens, tout un monde, passer sous les fenêtres de la salle où j'étais, tourner derrière la maison, se rendre vers l'étable où une autre confrontation plus tragique devait être faite.

A cet effroi de me retrouver si inopinément, si vite (il n'était que neuf heures!) en présence de Schérer, je ne chercherai ni une explication ni une excuse. Je le constate. Je ne l'ai pas compris.

Ma femme, au contraire de moi, dès qu'on lui avait signalé la venue de Charles, et son aveu, avec ces mots que j'ai dans l'oreille encore, et qui sonnèrent, tels une fanfare : — Madame de la Villehervé, c'est bien lui, le voilà, il avoue! avait couru au-devant de lui avec tout le flot de la foule satisfaite, et au seuil du jardin, la barrière à peine franchie, les gendarmes n'ayant même pas descendu de cheval, elle lui dit, le regardant :

— Comment, Charles, c'est vous qui nous avez mis dans un état pareil, qui nous avez tué la petite! Mais pourquoi? Qu'est-ce que nous vous avions fait?

— Oui, oui, c'est moi. J'ai avoué, répondit-il.

Et peu après, la confrontation ayant eu lieu dans l'étable, sur cette question du capitaine :

— Reconnaissez-vous madame?

— Oui, oui, je la reconnais, et elle aussi m'a bien reconnu.

— Mais, reprit ma femme qui n'avait dans l'esprit que le pourquoi de ces choses, qu'est-ce que nous vous avions fait? pourquoi?

Il hésita un moment, et avec la même légèreté de voix, mais en détournant les yeux :

— Vous le saurez plus tard. Je le dirai aux Assises.

Il avait été plus sincère avec les gendarmes. Il leur avait dit :

— Je voulais voler.

XXVIII

Dans le chemin, devant la maison, tout le pays était venu, criait, s'enrageait après Schérer. — Coquin! Misérable! C'étaient des fureurs que rien ne semblait pouvoir apaiser. — Donnez-nous-le! Et d'aucuns auraient voulu être maîtres de lui pour le faire souffrir, pour lui arracher les ongles, un ongle toutes les cinq minutes! Dans cette exaspération, notre jardin fut même envahi. Il fallut écarter les gens, fermer la barrière.

A chaque instant quelqu'un, tantôt l'un,

tantôt l'autre, venait me dire où on en était, ce qu'on avait fait, ce qui se passait. C'était Schérer qu'on avait ramené dans le sous-sol où il avait eu son lit, qui, cynique à la confrontation, bravait maintenant l'orage par lui déchaîné, répliquait par-dessus les cris : — Eh bien, quoi! vous aurez ma tête! C'était lui qui fumait des cigarettes, c'était lui qui avait faim, qui demandait à manger. Ce fut le père d'Angèle qui arrivait, ce fut la scène déplorable.

On l'avait tout de suite conduit à ma femme :

— Ah! monsieur!

— Pauvre petite! quel malheur! quel malheur!

Il était fou de chagrin, il exigeait qu'on lui montrât sa fille immédiatement. Personne ne le voulait. Plus tard, plus tard, quand tout serait fini, quand on l'aurait relevée. On en avait parlé au capitaine de gendarmerie dont l'autorité pouvait s'interposer :

— Mais, monsieur, c'est une cruauté de la lui montrer là, par terre !

Que faire pourtant?

— Je veux la voir, répétait le père, je veux l'emporter !

On l'avait laissé aller. Et à Schérer, après, il dit :

— C'est toi, misérable ! qui m'a arrangé ma fille comme ça !

Mais il ne le tua pas, et, accablé, il ne trouvait qu'une plainte, redite sans cesse :

— Quel malheur ! quel malheur !

Je l'ai vu, ce pauvre homme ; je lui ai tendu ma main droite que le couteau avait déchirée : il me l'a prise, et j'ai essayé de lui parler. Mais il étouffait de sanglots et nous avons mêlé nos larmes. Et chaque fois ce jour-là, et le lendemain chaque fois qu'il est venu près de moi, nous avons pleuré ensemble ; mais un mot, nous ne l'avons pu dire.

Sa petite Angèle ! Le dimanche matin, elle était allée jusqu'à la gare, à l'heure d'un train où il lui avait fait savoir qu'il serait. Ils avaient causé quelques minutes, il lui avait remis un paquet d'effets pour elle. Et à présent elle était morte !

Or, dans ce paquet, il y avait un jupon qu'elle n'aimait pas, qui ne lui était pas de chance. La première fois qu'elle s'en était vêtue, elle avait été malade, elle s'était évanouie dans les champs.

Quand elle tomba sous les coups de Schérer, c'est ce jupon qu'elle portait.

XXIX

Suite de solitude, de calme et de silence.

Il entra trois messieurs, les magistrats de Fontainebleau et leur greffier. Je recommençai ma déposition, ma femme recommença la sienne. Il entra le docteur Foucault. J'avais déjà revu le docteur Rétif, et, après ma déposition faite, j'avais de mon fauteuil dans la salle été transporté dans ma chambre, sur un lit étroit. Alors il s'agit de dresser un inventaire exact de mes diverses blessures, puis de me recoudre tout de bon le poignet.

Rien de plus douloureux. C'est atroce ! J'avais demandé à ne pas être endormi, mes médecins n'avaient pas insisté pour m'endormir, nous étions d'accord ; et, resté seul avec eux, car je le voulus, je leur livrai mon bras.

Au début, je tachais de ne pas crier, je me mordais les lèvres, pour que ma femme, pour que les amis qui l'assistaient n'eussent pas les affres de ce que j'endurais de détestable. Mais pendant que je subissais mon martyre, je repensai que Schérer était dans le sous-sol, justement au-dessous de moi, et qu'il était juste qu'il souffrît de ma souffrance.

Ingénieuse idée ! Vous ne sauriez croire à quel point mes cris ne le troublèrent pas ; mais moi, l'illusion que je m'étais forgée m'avait aidé à supporter ces coutures, et un peu d'aide fait grand bien. Je sortis de ce supplice si épuisé, si faible dans mon corps et dans mon âme, que, comme une femme, comme un enfant, pour remercier le docteur Foucault, j'attirai vers moi ses mains, et je les baisai.

Quant à Schérer, tandis qu'on me recousait, il occupait ses loisirs à de rythmiques mouvements du poignet, dont le but, fort raisonnable, était d'user ses chaînes par le frottement des maillons l'un sur l'autre. Il eût été beau qu'il y parvînt. Mais un de nos plus vieux amis, un Parisien de Paris, Albert Rousseau, qui, ma dépêche aussitôt chez lui, s'était fait mener gare de Lyon et nous était venu, remarqua ce manège, le signala au maréchal-des-logis qui l'avait observé aussi, et Schérer n'y gagna que d'être lié plus étroitement.

Il ne s'en affecta d'ailleurs pas et garda son attitude.

On a cité de lui une phrase, celle-ci :

— J'ai perdu, je paierai.

Elle n'est peut-être pas exacte dans ce texte ; mais s'il ne l'a pas émise en termes propres, tout en lui du moins la disait, et, traduction, ce serait une traduction fidèle.

Cependant un gendarme, oncle d'Angèle, et qui l'avait élevée, étant arrivé à son tour, et sur le bruit que les médecins procédaient à l'autopsie de la petite morte, la foule étant revenue, plus considérable et plus houleuse encore, le fanfaron eut peur, il blémit, il trembla. Les gendarmes furent contraints de le rassurer :

— Personne ne vous fera rien. Vous êtes sous notre responsabilité. Nous devons vous protéger.

— Ah ! oui, dit-il, c'est vrai. N'est-ce pas ? vous êtes obligés de me protéger. Je n'ai rien à craindre.

XXX

Le juge d'instruction ne l'avait pas interrogé encore. C'est dans la bibliothèque, où on le fit monter, qu'eut lieu cet interrogatoire. Là, Schérer n'avait plus devant ses yeux tout ce peuple exacerbé qui si hautement le réclamait pour l'écharper. Le comédien reprit son masque.

Lecture lui avait été donnée de ma déposition, de celle de ma femme. Elle n'avait parlé que des coups de poing, que des coups de pied.

— Elle ment ! s'écria-t-il. Elle ne dit pas ce que je lui ai donné.

— Qu'est-ce donc que vous lui avez donné ?

— Je lui ai donné un coup de tête dans le ventre, qu'elle ne dit pas.

C'est qu'apparemment il en était glorieux, et il soignait ses effets. Celui-là fut grand. Mais plus que tout il aurait désiré manger. Il avait les dents longues.

Et comme un autre de nos excellents amis de Paris, celui dont la vie fut le plus intimement mêlée à la mienne, Louis Wouters, venait de sauter du train, arrivait à la minute, et que ma femme, pour lui montrer notre assassin, avait entr'ouvert la porte, avait dit : — Voyez, voilà ce monstre ! ingénuement un gendarme profita de l'occasion :

— Madame, voudriez-vous lui donner un morceau de pain ? Il a faim.

Ma femme, à l'intempestive demande, ne se connut plus :

— Un morceau de pain à un misérable qui nous a fait tant de mal, qui a essayé de tuer mon mari, qui a tué ma bonne, qui m'aurait tuée moi-même s'il avait pu ! Mais j'aimerais mieux prendre tout ce que j'en ai là et le jeter dans la Seine ! Mais si vous vouliez me permettre de l'étrangler ou de lui tirer un coup de revolver, ce serait avec plaisir ! Du pain ? pour lui ? Mais je voudrais le voir mourir de faim !

Il la regardait.

— Madame, dit le juge d'instruction, veuillez signer votre déposition, s'il vous plaît?

— Volontiers, monsieur.

Mais pour s'approcher de la table, elle dut passer devant Schérer, et à ce moment, elle qui était allée à sa rencontre, elle qui, la première dans la maison, lui avait parlé, elle eut un recul d'horreur et elle évita qu'un pli de sa jupe le pût frôler.

Dès le soir, l'instruction était à peu près complète. Au sortir des mains des chirurgiens, je m'étais mis à la disposition des magistrats pour toute confrontation qu'ils jugeraient bonne ; mais, Schérer ayant tout avoué, on m'en épargna l'ennui, cette confrontation n'eût rien donné. Il y en avait eu assez d'autres. A quatre reprises on l'avait remis en présence du cadavre d'Angèle, la quatrième après l'autopsie. Il n'avait plus voulu voir, il avait tourné la tête.

Il partit donc sans que je l'eusse vu ; et

de quitter la maison, d'avoir à marcher au milieu de cette foule indignée et frémissante, il eut une frayeur dont plus d'un serait mort. Cependant, toujours le même, une fois à la gare, dans le bureau des sous-chefs, comme, là, il se sentait en sûreté, son souci unique fut d'avoir du pain. On lui en procura un chignon énorme, pour dix sous, que, le tenant des deux mains, il mangea à belles dents.

— Vous regrettez ce que vous avez fait? lui demanda un des sous-chefs.

— Je regrette seulement de ne pas les avoir tués tous les trois.

Et il continua à dévorer.

XXXI

Fontainebleau. Il y était attendu. Les gendarmes n'eurent que le temps de l'installer dans un omnibus, et au grand trot! Mais à sa descente de cet omnibus, autre bagarre. Mille voix criant : — A mort! à mort! et il reçut dans les reins un coup d'une vigueur telle qu'il en fut jeté à terre, roula contre le mur de la prison.

Le lendemain, de pieuses mains ensevelirent Angèle, couvrirent d'un drap son cercueil; mais dans le trouble, on s'était trompé. Le drap dont on l'avait couverte était celui de son assassin. Qu'il fut vite changé, et jonché de quelles couronnes, de quels bouquets! Tous les jardins furent pillés pour elle; sur cette enfance qui la veille riait, sur ce printemps qui n'était plus, fleurirent toutes les fleurs, s'épanouirent tous les parfums de l'automne. Et dans Veneux, triste comme ce père que ployait la douleur, triste comme cet oncle qui pour Angèle avait été un second père, le maire, son adjoint, le conseil municipal conduisirent le deuil, et dans Ury, toutes les jeunes femmes, toutes les jeunes filles, tous les enfants suivirent derrière eux ce convoi, que je suivais, moi, dans ma pensée, dans ma colère,

Tout est dit. Les télégrammes, les lettres s'accumulèrent sur nos tables. Nos amis vinrent de partout, ceux-ci interrompant des voyages, comme l'avait fait mon frère qui me fut si dévoué, ceux-là sacrifiant parfois leurs plus chers intérêts. La curiosité passa et repassa devant nos fenêtres. La maison du crime, pensez donc! Des industriels m'adressèrent des prospectus, les plus engageants du monde, relatifs à des chaînes et à des serrures de sûreté, d'autres relatifs à des pommades merveilleuses et aux plus subtils onguents.

Je reçus des lettres commençant ainsi : « Monsieur, puisque vous avez été victime d'un assassin... » et se terminant par : « Comptant sur vous pour m'avancer la somme qui m'est nécessaire, je vous prie d'agréer, etc. » Des âmes bourrelées de ces bonnes intentions dont l'enfer est pavé s'inquiétèrent aussi du père de notre petite Angèle, le voulurent décider à m'intenter une action en dommages-intérêts. Enfin tout ce qui se doit faire se faisait. Et un jour, je pus risquer deux ou trois pas dans le jardin, un autre jour, aller revoir cette cour, cette étable, où tant de sang avait été versé. Je fus bientôt LE CONVALESCENT.

Oui, mais la pointe du couteau manquait toujours. Hélas ! je l'avais bien dit, moi, où elle était : dans ma tête ! Mais c'était si improbable, si impossible !

Le vrai peut quelquefois n'être pas vraisemblable.

Un petit abcès qui se forma donna raison à monsieur Despréaux et à mes affirmations.

Alors ce fut la rue Oudinot, la maison des Frères de Saint-Jean-de-Dieu, des soins pleins de douceur et de fraternelle affection, et ce moment si vilain où il faut entrer dans la salle d'opération, se dévêtir, s'étendre sur le lit de nickel, ce moment plus terrible encore, lorsque, montant à cette salle, j'ai, au pied de l'escalier, aperçu ma femme qui arrivait. Car on ne m'avait pas ménagé. Avant que je quittasse Moret, un journal de Fontainebleau m'avait avisé que, *dans la crainte d'une issue fatale*, les magistrats viendraient recueillir mes dépositions complémentaires, et, dans la même crainte, un homme de loi m'avait invité à ne pas m'en aller sans faire mon testament.

Quand le docteur Labbé eut extrait de ma tête ce morceau d'acier, on eut une pensée qui me charma : on me le mit dans la main, on me le fit voir. Et il paraît que je serrai la main du docteur Labbé et du docteur Foucault, du docteur Rétif, dont l'amitié m'avait accompagné en cette épreuve. Je n'ai pas gardé le souvenir de ces poignées de main, j'étais encore dans l'engourdissement du chloroforme ; mais je suis content d'avoir été si convenable.

Cependant, angoisses, souffrances, je n'avais rien supporté encore, et j'ignorais ce que c'est qu'une si épouvantable aventure; j'ignorais ce qu'elle comporte de suites affreuses : ces terreurs de l'ombre, cette insécurité qui vous torture dès le tomber du jour, qui ne vous laisse qu'au soleil levé ; ces appréhensions d'un bruit, d'un coup de sifflet dans la rue, d'un aboiement de chien au loin; l'émoi dont on est agité pour un geste un peu vif fait près de vous, pour un pas précipité de quelqu'un qu'on entend sans le voir; la peur même de ce qu'il peut y avoir derrière une porte où on sait pertinemment qu'il n'y a rien. Simple affaire de nerfs, je le sais, et que je ne suis pas devenu un lâche. C'est pour les autres plus que pour moi que je tremble ; mais dans cette anxiété, la constriction à la gorge qui fut ma pire torture quand Schérer sautait sur moi, et ce frisson, cet éclair — si froid — qui m'a rayé le dos, me traversant de l'épaule gauche à la hanche droite, je les retrouve, je les ressens...

XXXII

Melun, 15 novembre soir.

C'est le jour anniversaire de ma naissance. Il est six heures et demie. Nous sortons des Assises. Le jury, quand ma femme a témoigné avec tant d'émotion et de sincérité que ce fut de l'éloquence, avait pleuré, des gendarmes aussi. Il a répondu : oui, sur toutes les questions. Pas de circonstances atténuantes. Schérer a été condamné à mort.

Pendant que le président l'interrogeait,

nous étions quinze dans la salle des témoins à charge. Monsieur Villot, rhumatisant, s'était fait excuser. Il n'y avait pas de témoins à décharge. On a causé. Miette nous a révélé sur Schérer des choses inouïes. Il était cruel avec les bêtes, il les torturait à plaisir. D'un coup de couteau, un jour, il a manqué de clouer sur la table la main du petit garçon de monsieur Villot. De la petite fille de madame Rodor, il a dit une autre fois : « Si elle avait deux ou trois ans de plus, elle y passerait! » Mais combien d'autres propos! Il prend le couteau d'Antoine Malon, oui, celui-là même et il dit : « Il serait bien en main pour assassiner. » Une femme devait de l'argent à son maître, il lui dit : « Pour cent sous par tête, si vous voulez, je ferai venir deux de mes amis qui auront promptement fait d'enlever tout chez elle.

Et le mardi, le douze septembre, — une heure avant de se mettre en route pour le crime, — est-ce qu'il n'avait pas demandé à cette même madame Rodor si on ne l'accepterait pas à Cugny, à la dynamite?

— Mais il l'aurait fait sauter, la dynamite! s'est-elle écriée en répétant ce fait devant le jury.

Je suis très renseigné touchant mon assassin. Le réquisitoire a été édifiant. L'interrogatoire avait déjà résumé cette vie.

Schérer, né à Paris, le 27 octobre 1873, avait perdu sa mère en 1884. Son père était mort quatre ans plus tard. Mais dès que sa mère était morte, la Société de patronage des Amis de l'Enfance l'avait pris sous sa garde et placé au patronage Saint-Nicolas par les soins duquel il fut envoyé chez un bijoutier, monsieur Denize, qui lui fit apprendre le métier d'ouvrier sertisseur.

Il continuait à coucher au patronage, mais s'étant lié avec une bande d'escarpes et de rôdeurs, Cocardas, Jambonneau, d'autres encore, il ne tarda pas à se faire mettre à la porte de chez monsieur Denize et du même coup renvoyer du patronage.

Une sienne parente eut la charité de le recueillir en cette détresse, et au mois d'avril 1891 il entra chez un second bijoutier, monsieur Duché.

C'est là que le 22 mai, pendant le déjeuner des ouvriers, il vola 4 660 francs de diamants. Mais ses camarades Jambonneau et consorts le volèrent à son tour. Voilà comment, pour toute sa part, il n'eut que ces 170 francs, si vite gaspillés d'ailleurs, qu'à cinq jours de là, le 27, à

5 heures du matin, sans le sou, sans un asile, des agents l'empoignèrent boulevard de la Villette. Il les outragea. Il les avait menacés de leur planter son couteau dans le ventre ; gracieuseté qu'il paya de huit jours de prison à Nanterre.

Mais la prison ne l'avait sauvé de rien, il en sort, il est sans ressources, il ne sait que faire. On est au 8 juin. De son propre mouvement, il se fait arrêter sur le Pont-Neuf, pour le vol.

Là-dessus, ses dix-huit mois de Poissy, où il est noté comme insoumis, révolté et de très mauvaises mœurs.

Sa parente cependant, une tante à lui, espère encore qu'il s'amendera. Les directeurs du patronage dont on l'avait chassé supposent qu'on obtiendrait davantage de lui en l'arrachant à ce Paris qui lui avait été si funeste, en le reléguant à la campagne, et, le 28 juin de cette année 1893, monsieur Villot, qui le reçut de ces messieurs, se chargea d'en faire un ouvrier de culture...

Est-il vraiment possible que monsieur Villot n'ait rien su, comme il me l'a dit et affirmé, de ce passé de Schérer?

L'interrogatoire avait été long. Par instants, nous nous promenions dans les couloirs. J'ai vu les cellules où les accusés sont enfermés, derrière des barreaux de bois, pendant les suspensions d'audience. Il y en a deux. Dans l'une d'elles, à l'angle du plafond, des hirondelles ont bâti leur nid.

Paris. — Typ. Chamerot et Renouard. — 30577

www.ingramcontent.com/pod-product-compliance
Ingram Content Group UK Ltd.
Pitfield, Milton Keynes, MK11 3LW, UK
UKHW020559180726
13838UKWH00001B/350